SEWING HARUE VOL. 29

HANDIS

message

작가 본인의 성격과는 다르게,
재봉틀 앞에 앉으면 차분해 집니다.
재봉틀은 사람을 차분하게 만드는
아주 큰 힘이 있습니다.

같은 디자인의 작품을 만들어도
어떤 원단과 부자재를 쓰느냐에 따라
완성된 작품의 느낌은 아주 많이 달라집니다.

작품을 만들기 전에 "무슨 원단으로 만들어볼까?" 고민하고,
혹은 예쁜 원단을 발견하면
"이 작품을 만들면 어울리겠다!" 생각하며
작품에 맞는 원단과 부자재를 고르는 일은
정말이지 너무나 재미있고
그 순간만큼은 참 많이 행복해집니다.

여러분도 재봉틀 소리를 들으며 행복하고,
힐링 되었으면 좋겠습니다.

이 서적에 수록된 아이템들로
사랑스러운 우리 아이에게 예쁘고,
멋진 소중한 순간을 선물해보세요.

index

		photo	how to make
01	배냇저고리(2종)	06	52
02	곰돌이 보닛	07	55
03	베이직 바디슈트	08	57
04	턱받이(2종)	09	60
05	둥근 칼라 원피스	10	63
06	레깅스(2종)	11	66
07	에이프런 바디슈트	12	68
08	레이스 보닛	13	73
09	후드 바디슈트	14	74
10	양면 베스트	16	77
11	블루머	17	79
12	셔링 블라우스	18	80
13	배기팬츠	19	81
14	프릴 원피스	20	83
15	페이크 칼라(2종)	21	85
16	재킷	22	87
17	반바지	23	92
18	누빔재킷	24	94
19	기저귀 파우치	26	95
20	패브릭 바구니(2종)	28	96
21	블랭킷	29	98
22	납작 크로스백	30	99
23	백팩	31	101

* 작가의 말 message — 02
* 목차 index — 05
* 화보 photo — 06

* 기초 부자재 basic materials — 34
* 미싱 소개 machine introduction — 36
* 소잉을 시작하기 전에 before sewing — 40
* 원 포인트 레슨 one point lesson — 46
* 일러스트 제작설명서 how to make — 50

*본 서적에 사용된 원단은 심플소잉(http://www.simplesewing.co.kr), 패션스타트(http://www.fashionstart.net)에서 확인하실 수 있습니다.

01. 배냇저고리(2종)

세상에 태어난 갓난아기에게 주는 첫 번째 선물, 배냇저고리입니다.
일반적인 배냇저고리와 달리 T단추로 여미는 스타일로 착용하기 편리합니다.
목둘레에 레이스를 더하면 또 다른 느낌으로 완성됩니다.

how to make ▶ p.52

사용 원단···3중거즈 무지_크림아이보리

02. 곰돌이 보닛

아기의 머리를 따스하게 감싸 줄 보닛입니다.
곰돌이 귀 모양 장식을 더해 사랑스러운 느낌으로 완성했습니다.
화보처럼 01. 배냇저고리와 같은 원단으로 만들어 세트로 코디해보세요.

how to make ▶ p.55

사용 원단…3중거즈 무지 크림아이보리

03. 베이직 바디슈트

라운드넥으로 깔끔한 느낌의 베이직 바디슈트입니다.
다이마루 원단을 사용해 부드럽고 움직임이 좋아 아이가 편안하게
입을 수 있습니다. 아이에게 잘 어울리는 색상과 무늬의 원단으로
여러 벌 만들어보세요.

how to make ▶ p.57

사용 원단…고이즈미 코튼 특양면다이마루 스무스프린트 플라워_라이트그레이

04. 턱받이(2종)

03. 베이직 바디슈트와 함께 코디할 수 있는 턱받이입니다.
뒷트임이 있으며, 귀여운 단추와 와펜 장식으로 포인트를 주었습니다.
옆쪽에는 끈이 달려 아이가 움직이더라도 고정시킬 수 있는 디자인입니다.
바이어스 바인딩으로 깔끔하게 만들거나, 레이스를 더해 더욱 사랑스럽게 만들어보세요.

how to make ▶ p.60

바이어스 디자인 사용 원단…오가닉 양면다이마루 베이비파우더 무지_스카이
레이스 디자인 사용 원단…고이즈미 코튼 특양면다이마루 스무스프린트 플라워_라이트그레이

05. 둥근 칼라 원피스

둥근 칼라와 레이스 디테일이 사랑스러운 원피스입니다.
소매 끝에는 고무줄을 넣고, 허리에는 잔잔한 주름을 잡았습니다.
화이트와 파스텔톤 색감의 원단으로 만들어 우리 아이에게 봄을 선물해보세요.

how to make ▶ p.63

사용 원단…코디 40수 코튼 트리플 원_화이트 / 소프트 요루 이중거즈_핑크

/ good span /

06. 레깅스(2종)

아이의 외출에 필수품인 레깅스입니다.
발까지 한 번에 감싸고, 허리에는 고무줄을 넣어 입었을 때 편안합니다.
무지 원단으로 만들 때에는 발등 부분에 아이가 좋아하는 모양의
자수를 놓아 포인트를 주는 것을 추천합니다.

how to make ▶ p.66

사용 원단…기요하라 코튼 앙팡 양면다이마루 무지_밀크
후라이스 스판 피카부 핑크블루밍_아이보리

07. 에이프런 바디슈트

스냅단추로 탈부착이 가능한 앞치마와 세트인 에이프런 바디슈트입니다.
목둘레와 앞치마의 레이스, 퍼프 소매가 더해져 사랑스러운 느낌이 가득합니다.
옐로우 톤 체크무늬 원단으로 만들면 더욱 화사한 느낌으로 완성됩니다.

how to make ▶ p.68

사용 원단…코스모 코튼 빈티지파스텔 8mm 체크_옐로우 / 코디 40수 코튼 트리플 원_화이트

사용 원단…코디 40수 코튼 트리플 원_화이트

08. 레이스 보닛

아이에게 사랑스러움을 더해주는 레이스 보닛입니다.
아이의 머리를 부드럽게 감쌀 수 있는 화이트 코튼을 사용했고,
레이스 끈을 턱 아래로 묶어 고정할 수 있습니다.

how to make ▶ p.73

09. 후드 바디슈트

레글런 스타일의 후드 바디슈트입니다.
스트라이프 니트 원단과 시보리의 배색을 맞추고, 귀여운 스트링끈과 와펜을 더했습니다.
잘 어울리는 색상의 레깅스와 함께 코디해보세요.

how to make ▶ p.74

사용 원단…코하스아이디 코튼 니트하우스 니트스트라이프_아이보리x멜란지

1.

2.

3 detail points

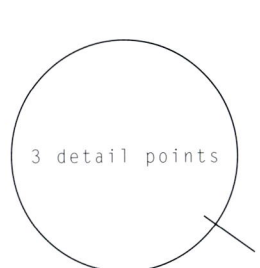

3.

10. 양면 베스트

두 가지의 매력을 담은 리버시블 디자인의 베스트입니다.
T단추로 여미는 디자인이어서 쉽게 입을 수 있습니다.
겉쪽은 사랑스러운 잔꽃무늬 원단으로 귀엽게 만들고,
안쪽은 아이보리 거즈 원단에 와펜을 달아 포인트를 주었습니다.

how to make ▶ p.77

사용 원단…기요하라 코튼 이마도키 마가렛_그레이 / 3중거즈 무지_크림아이보리

11. 블루머

풍성하고 여유로운 실루엣이 포인트인 블루머입니다.
허리와 밑단에 고무줄을 넣어 입고 벗기 편하여 아이들이 활동하기 좋은 아이템입니다.
화보에서는 무지 원단을 사용하여 제작했지만 무늬 원단을 사용하면 또 다른 느낌으로 완성됩니다.

how to make ▶ p.79

사용 원단…코디 40수 코튼 트리플 원_스노우그레이 / 리네티 리투아니아 리넨 베이직 무지_네이비

12. 셔링 블라우스

목둘레와 소매에 잡힌 셔링이 사랑스러운 블라우스입니다.
아이 혼자서도 입고 벗기 편안한 디자인입니다.
화보처럼 밝은 색상의 무지 리넨 원단으로 만들어 여러 코디에 활용해보세요.

how to make ▶ p.80

사용 원단…리네티 리투아니아 리넨 베이직 무지_아이보리

13. 배기팬츠

편안하고 실용적인 매력이 가득한 아동용 배기 팬츠입니다.
허리 밴딩으로 아이의 몸에도 편안하고,
양 옆선 쪽에 아웃 포켓을 달아 귀여운 포인트를 더했습니다.
화보처럼 무지 리넨 원단으로 만들어 깔끔한 느낌을 살려보세요.

how to make ▶ p.81

사용 원단…리투아니아 리넨 샴브레이 무지_차콜

14. 프릴 원피스

사랑스러운 느낌이 가득한 프릴 원피스입니다.
깔끔한 라운드넥 디자인으로 어깨에 턱을,
스커트에 주름을 잡아 전체적으로 풍성한 실루엣입니다.
사랑스러운 데일리룩을 연출해보세요.

how to make ▶ p.83

사용 원단…리네티 리투아니아 리넨 베이직 무지_데이지핑크

15. 페이크 칼라 (2종)

단정한 느낌의 세일러 칼라 디자인의 페이크 칼라입니다.
화보처럼 12. 셔링 블라우스와 같은 원단을 사용하여
한 벌처럼 만들어 코디해보세요.

how to make ▶ p.85

색다른 느낌으로 코디를 변화시켜 줄 라운드 칼라 디자인의
페이크 칼라입니다. 어깨를 넓게 감싸 케이프처럼 활용할 수
있는 귀여운 아이템입니다.

how to make ▶ p.85

라운드 칼라 디자인 사용 원단…기요하라 코튼 이마도키 부케_그린
세일러 칼라 디자인 사용 원단…리네티 리투아니아 리넨 베이직 무지_아이보리

16. 재킷

격식있는 자리에도 손색없는 단정한 재킷입니다.
큰 칼라와 아웃 포켓 디자인으로 아이들 특유의 귀여운 느낌도 담았습니다.
화보처럼 원단 색상과 비슷한 파이핑으로 포인트를 주어 완성해보세요.

how to make ▶ p.87

사용 원단…리네티 리투아니아 리넨 베이직 무지_머디블루

17. 반바지

한 벌 만들어 두면 활용도 높은 반바지입니다.
허리 밴딩 스타일로 편안하게 착용할 수 있습니다.
화보처럼 12. 셔링 블라우스와 함께 캐주얼하게 코디해도 좋고,
16. 재킷과 같은 원단으로 만들어 셋업으로 연출해도 좋습니다.

how to make ▶ p.92

사용 원단…리네티 리투아니아 리넨 베이직 무지_머디블루

winter jacket
for kid

사용 원단…기요하라 폴리 퀼팅 웜리 캣츠_메텔베이지

18. 누빔재킷

아이에게 포근함을 더해 줄 누빔 재킷입니다. 여유있는 목둘레와 아웃 포켓,
소매와 몸판 둘레에 바이어스 처리하여 편안하게 착용할 수 있습니다.
양면으로 누벼진 퀼팅 원단으로 제작하여 멋스럽게 완성했습니다.

how to make ▶ p.94

19. 기저귀 파우치

아이와 함께 하는 외출에 꼭 필요한 기저귀 파우치입니다.
T단추로 여미는 스타일로 열고 닫기 편리합니다.
아이가 좋아하는 색상이나 무늬 원단으로 만들어
일상에서 활용해보세요.

how to make ▶ p.95

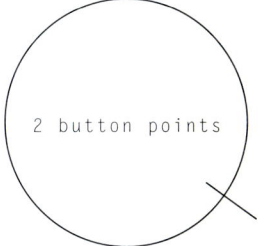

2 button points

사용 원단…유와 코튼 마스터론 포인트컬러플라워_키나리

20. 패브릭 바구니(2종)

아이의 곁에 필요한 물건들과 함께 할 패브릭 바구니입니다.
두 가지 사이즈로 패턴을 수록하여 필요한 크기로 제작할 수 있습니다.
화보에서는 자수 미싱으로 귀여운 당근, 체리 자수를 놓아 제작했습니다.

how to make ▶ p.96

사용 원단…코튼 60수 피그먼트무지 10mm 줄누빔_아이보리

21. 블랭킷

아이의 휴식을 함께 할 블랭킷입니다.
간단한 놀이를 할 때에나 낮잠을 잘 때 활용하기 좋습니다.
부드러운 3중 거즈 원단에 레이스를 더해 포인트를 주었습니다.

how to make ▶ p.98

사용 원단…3중거즈 오리자수_오리

22. 납작 크로스백

아이의 간편한 외출을 즐겁게 해 줄 크로스백입니다.
몸에 착 붙는 납작한 실루엣이고, 끈을 묶어 아이의 체형에 맞게
길이를 조절할 수 있습니다.
화보처럼 무지 원단에 귀여운 와펜을 달아 포인트를 더해
우리 아이만의 스타일을 완성해보세요.

how to make ▶ p.99

사용 원단…20수 리넨 마르조_라이트핑크

23. 백팩

아이의 스타일을 완성해 줄 백팩입니다.
넉넉한 수납력과 멋스러운 실루엣으로 어디에도 잘 어울립니다.
아이들이 좋아할 귀여운 무늬 원단으로 만들어보세요.

how to make ▶ p.101

사용 원단…코하스아이디 코튼 애니멀프렌즈 베어_네이비x베이지브라운

SEWING NOTE

step 1. 기초 부자재 basic materials   ▶ p.34

step 2. 미싱 소개 machine introduction   ▶ p.36

step 3. 소잉을 시작하기 전에 before sewing   ▶ p.40

step 4. 원 포인트 레슨 one point lesson   ▶ p.46

step 1. 기초 부자재 basic materials

1·1 제도용품

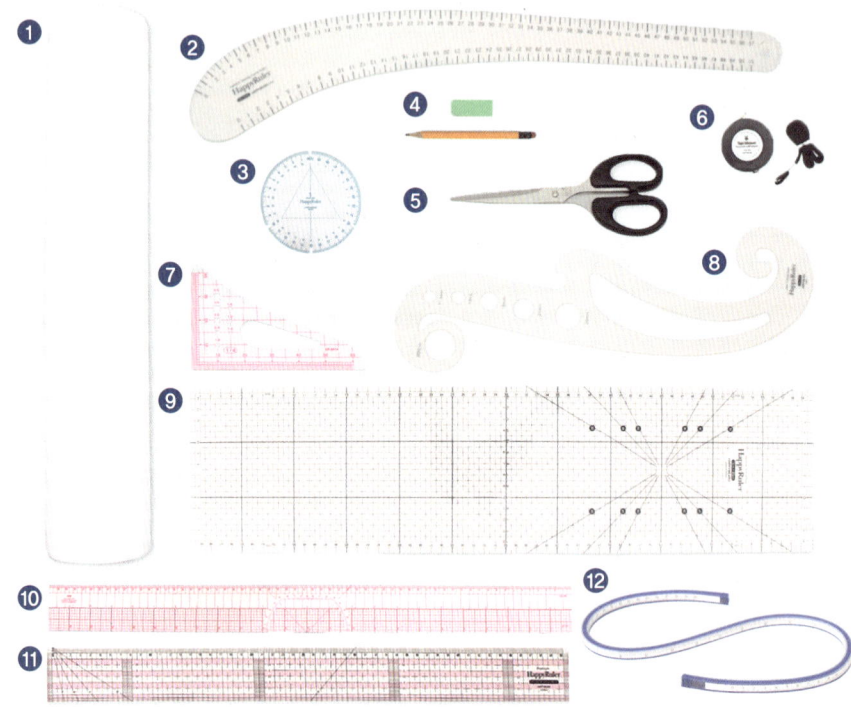

1. **패턴지** 폴리에스테르 부직포 성분으로 연필, 초크 등으로 잘 그려집니다. 패턴을 복사하기 쉬운 부직포 패턴지를 사용하면 좋습니다.

2. **곡자** 한 쪽 끝이 곡을 이루고 있는 자로 스커트 옆선, 소매 옆선, 절개선, 다트 곡선 등을 그리는 데 주로 사용합니다.

3. **원형자** 패턴상의 다양한 곡선 길이 측정이 가능하며 15, 20cm 단위의 홀(구멍)로 곡선상의 너치(맞춤점) 표시할 때도 용이합니다.

4. **연필&지우개** 패턴지에 패턴을 그릴 때 사용합니다.

5. **종이가위** 패턴(종이나 부직포)을 자를 때 사용하는 가위로, 재단가위로 종이를 오리면 가위의 날이 상할 수 있으므로 가위는 반드시 패턴 재단용과 원단 재단용을 구분하여 사용합니다.

6. **줄자** 신체 치수를 측정하거나 곡선의 치수를 잴 때 사용합니다.

7. **축도자** 실 사이즈의 패턴을 1/4 또는 1/5로 축도하여 자료를 남기고자 할 때 사용합니다.

8. **S자** S 모양의 자로 소매산, 진동 둘레 등 거의 모든 기본 곡선을 그릴 수 있으며, 사이즈별 원 모양이 있어 단추 표시를 하기 좋습니다.

9. **직각&컷팅자** 정확한 직각이 제도작업을 원활하게 합니다. 넓은 폭이 작업물을 뒤틀리지 않게 잡아줘 원단 컷팅 작업에도 사용됩니다.

10. **양면그레이딩자** 일반 시접자나 퀼팅자에 비해서 두께가 얇기 때문에 편리한 작업이 가능하며, 패턴상의 암홀라인이나 네크라인 등 곡선부분의 길이를 잴 때도 세워서 유용하게 사용할 수 있습니다.

11. **시접자** 눈금이 잘 지워지지 않는 긁힘 방지 가공이 되어있어 눈금이 깨끗하게 유지되며, 자의 위아래 면이 비스듬히 사선으로 깎여 있기 때문에 선을 그을 때 용이하여 정확한 작업이 가능합니다.

12. **프리 커브 룰러** 자유자재로 잘 구부러지고 잘 고정되어 각종 라인의 사이즈 측정과 제도를 신속하고 편리하게 작업할 수 있습니다.

1·2 재단용품

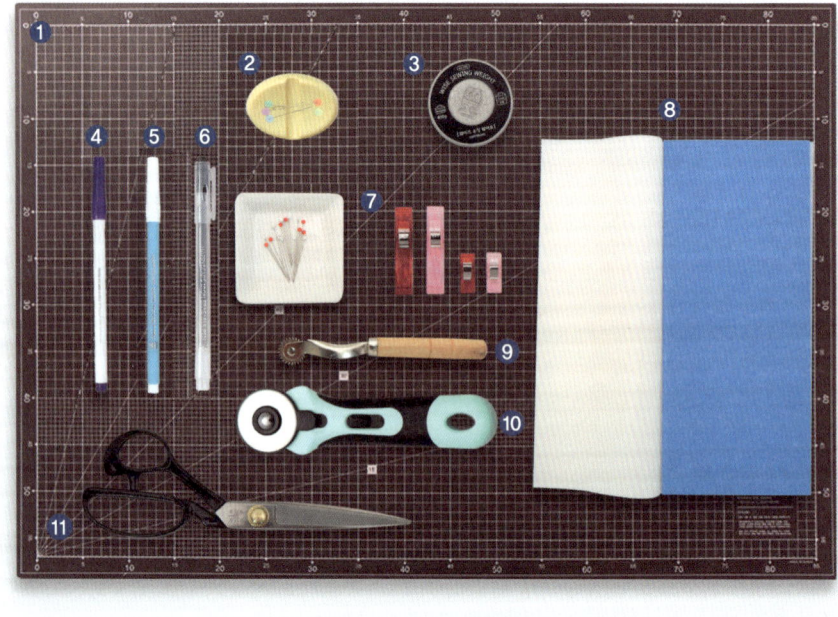

1. **컷팅매트** 재단칼로 원단을 재단할 때 함께 사용하면 재단칼의 날이 손상되지 않고, 원단이 깔끔하게 재단됩니다.

2. **핀쿠션** 자주 사용하는 시침핀, 바늘 등을 적당량 꽂아두고 필요할 때 바로 사용합니다. 자석 타입 핀쿠션을 사용하면 편리합니다.

3. **문진** 원단과 패턴이 서로 뒤틀리지 않도록 묵직하게 고정해주는 누름쇠입니다.

4. **기화성 펜초크** 선을 긋고 일정 시간이 지나면 자연스럽게 선이 사라지는 고급 기화성 펜입니다.

5. **수성 펜초크** 선이 깔끔하게 그어지며, 물로 간편하게 지워집니다.

6. **아이론 열펜** 펜촉 두께는 0.5cm 정도로 가늘어 섬세한 작업에 사용하기 좋습니다. 다리미로 열을 가하면 지워집니다.

7. **시침핀&집게** 시침핀은 옷감을 고정하거나 입체 재단 시 사용합니다. 구슬핀, 실크핀 등 용도에 따라서 사용하세요. 핀 작업이 어려운 니트 원단에는 집게를 사용하세요.

8. **초크페이퍼** 패턴을 원단에 마름질할 때 초크 대신 사용할 수 있는 도구로, 페이퍼를 원단 아래 놓고 위에서 룰렛을 굴려주면 원단에 완성선이 표시됩니다.

9. **룰렛** 톱니를 굴려 원단에 마킹하는 도구로 초크페이퍼와 함께 사용합니다. 톱니형과 원반형으로 두 가지 타입이 있습니다. 원반형은 헤라로도 사용 가능합니다.

10. **재단칼** 재단가위 대신 원단을 재단할 때 사용하며, 여러 겹의 원단을 한 번에 컷팅할 수 있어 편리합니다. 컷팅매트와 함께 사용하세요.

11. **재단가위** 원단 재단에 사용하는 전용가위로 자신의 손에 맞는 크기의 가위를 사용하는 것이 좋습니다. 왼손용, 오른손용으로 두 가지 타입이 있습니다.

1·3 봉제용품

1. **뒤집개&끼우개** 원단으로 리본 등을 만들 때 좁은 폭의 원단을 쉽게 뒤집을 수 있고, 작품에 고무줄이나 끈을 끼워 넣을 때 편리하게 작업할 수 있습니다.

2. **손바늘** 작품의 마무리 또는 장식 작업 시 자주 사용되므로 사이즈별로 준비해두세요.

3. **직물전용 본드풀&매직테이프** 시침핀을 꽂기 힘든 곳, 지퍼 및 시접 등 임시고정이 필요한 부분에 사용하면 원단의 밀림 없이 편하게 봉제할 수 있습니다. 수용성 재질로 세탁 후 완전히 제거됩니다.

4. **손바느질용 봉제실** 기본적으로 가장 많이 사용되는 색상은 휴대가 편리한 소형 사이즈로 준비해두고 간편하게 사용하세요.

5. **골무** 손바느질을 할 때 손가락 끝을 보호해 주어 작업의 능률을 높입니다. 가죽, 금속, 고무 등 다양한 재질이 있으니 용도에 맞게 골라 사용하세요.

6. **쪽가위** 작업 중 가장 많이 사용되는 가위로, 깔끔한 마무리 작업을 위해 꼭 필요합니다.

7. **송곳** 원단에 구멍을 뚫거나 맞춤점을 표시할 때, 주머니, 가방, 옷깃의 모서리 모양을 잡을 때 등 다양한 작업에 사용합니다.

8. **실뜯개** 봉제가 잘못되어 바늘땀을 뜯어야 할 때나, 단춧구멍을 자를 때 유용하게 사용됩니다. 일반형과 갈고리형이 있습니다.

9. **아이론시접자** 정확한 치수 체크와 함께 다림질로 손쉽게 시접 부분을 만들 수 있도록 도와주는 열에 강한 시접자입니다.

1·4 미싱용품

1. **멀티매트** 재봉틀 매트로 사용하기 좋은 멀티매트입니다. 충격 흡수에 탁월하며, 미싱의 소음과 진동을 완화시켜줍니다.

2. **미싱바늘** 공업용과 가정용을 잘 구분하여 사용해야 합니다. 원단의 소재와 두께에 따라 9/11/14/16/18호의 바늘을 맞춰 사용하세요. 니트원단에는 니트용 바늘을 사용하세요.

3. **드라이버** 노루발과 미싱바늘을 교체할 때 사용합니다.

4. **미싱기름** 미싱의 소음이나 마찰을 완화시켜줍니다.

5. **핀셋** 일반 미싱이나 오버록 미싱에 실을 끼울 때나, 미싱의 세밀한 곳을 작업할 때 사용합니다.

6. **크리닝브러시** 봉제 후 미싱에 쌓인 먼지를 청소할 때 사용하는 미싱 청소용 브러시입니다.

7. **미싱용 봉제실** 원단의 소재와 두께 및 작업 용도에 맞게 골라 사용합니다.

8. **북집(보빈케이스)** 공업용과 가정용을 잘 구분하여 사용해야 합니다. 북집이 필요 없는 미싱 기종도 있으니 확인 후 사용하세요.

9. **북알(보빈)&북알케이스** 북알은 공업용과 가정용을 잘 구분하여 사용해야 하며, 밑실은 윗실에 맞춰 바로 사용할 수 있도록 미리 다양하게 감아서 준비해두면 좋습니다. 북알케이스에 보관하면 편리합니다.

step 2. 미싱 소개 machine introduction

2·1 가정용 미싱

본 서적 작품을 제작할 때 사용한 미싱인 자노메 에스쓰리플러스를 기준으로 소개합니다. 기종에 따라 각 미싱의 사용 방법이 다르니 설명서를 참고하세요.

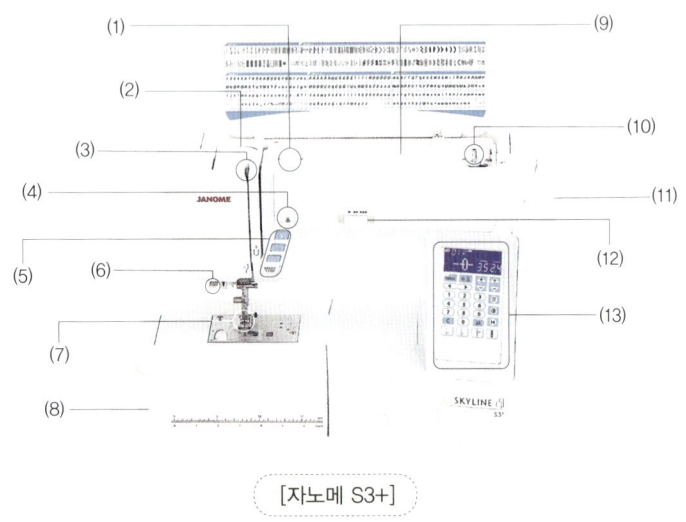

[자노메 S3+]

(1) 윗실 장력 조절 다이얼
(2) 노루발 압력 조절 다이얼
(3) 실채기 안전 장치
(4) 자동 사절 버튼
(5) 미싱 조작 버튼
(6) 자동 실끼우기 장치
(7) 원터치형 노루발
(8) 분리형 보조 테이블 (액세서리 보관함)
(9) 실패꽂이
(10) 밑실감기장치
(11) 풀리 다이얼
(12) 속도 조절 슬라이더
(13) LCD 모니터 · 터치 버튼

자세한 미싱 설명과 구입처는 QR코드로 확인하실 수 있습니다.

◆ 미싱의 주요 기능

① LCD 모니터 · 터치 버튼

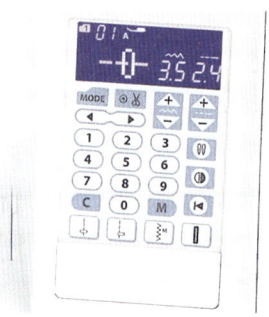

패턴 및 땀폭, 땀의 간격을 조절하는 버튼과 LED창입니다. 재봉틀의 기종마다 패턴이나 바느질의 설정 방법이 다르기 때문에, 각 미싱의 사용 설명서를 확인해주세요.

② 속도 조절 슬라이더

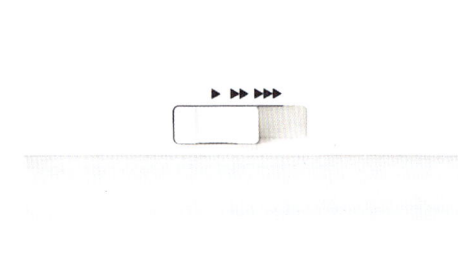

슬라이더를 좌/우로 움직여 속도를 조절합니다. 오른쪽으로 밀면 빨라지고, 왼쪽으로 밀면 느려집니다.

③ 미싱 조작 버튼

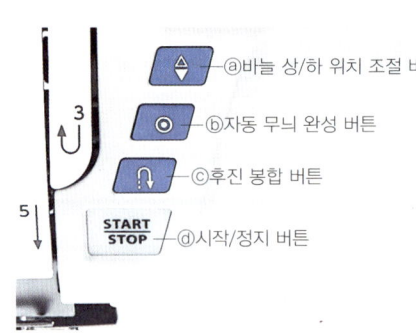
ⓐ 바늘 상/하 위치 조절 버튼
ⓑ 자동 무늬 완성 버튼
ⓒ 후진 봉합 버튼
ⓓ 시작/정지 버튼

ⓐ 바늘을 위/아래로 움직일 때 사용합니다.
ⓑ 작업을 마무리할 때 사용합니다.
ⓒ 바느질 진행 방향을 바꿔 되돌아박기할 때 사용합니다.
ⓓ 봉제를 시작하거나 멈출 때 발판 대신 사용합니다.

④ 자동 사절 버튼

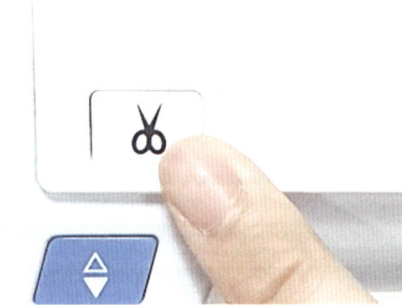

재봉이 끝나면 자동 사절 버튼 하나만으로 실을 자를 수 있어 사용하기에 편리합니다.

⑤ 노루발 압력 조절 다이얼

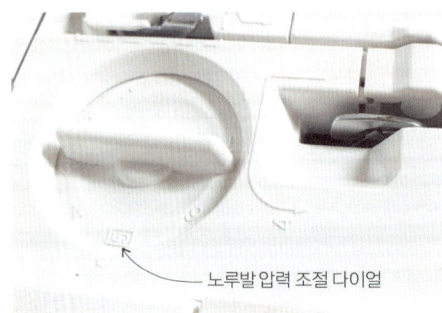

노루발압력 조절 다이얼

노루발의 압력을 조절하는 다이얼입니다. 숫자가 높을수록 압력이 세지고, 낮을수록 압력이 약해집니다.

⑥ 윗실 장력 조절 다이얼

윗실 장력 조절 다이얼

윗실의 장력을 조절하는 다이얼입니다. 보통은 오토모드로 사용하며, 윗실의 장력이 셀 때는 낮추고, 윗실의 장력이 약할 때는 높입니다.

⑦실채기 안전 장치

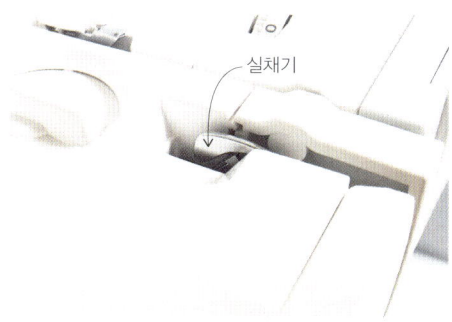

실채기안전 장치는 윗실을 한번 더 잡아주어 실이 빠지지 않고 팽팽하게 유지되도록 고정시켜줍니다.

⑧One step 자동 단춧구멍 봉제

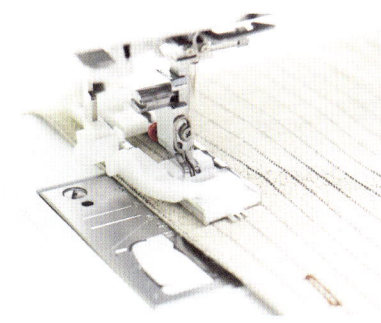

S3+의 자동 단추구멍 노루발(R)을 활용하면 내가 원하는 크기의 단춧구멍을 한번에 봉제할 수 있습니다.

⑨가마 소음 방진 패드

많은 소어들이 불편함을 겪는 미싱의 소음을 줄여주는 소음 방진 패드입니다. 조용한 미싱으로 차분하게 봉제해보세요.

◆침판 주변 부분의 명칭

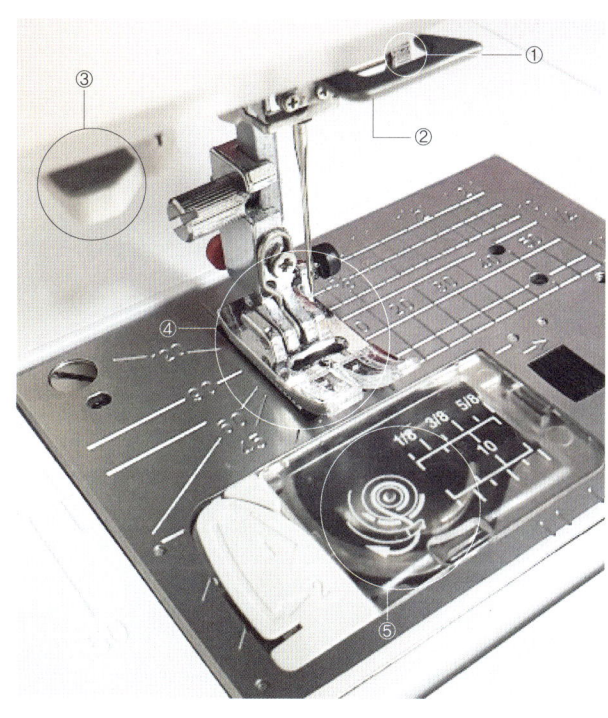

①바늘 조임나사
바늘을 고정하거나 교체할 때 사용합니다.

②실걸이 가이드
바늘에 실을 끼울 때, 실이 움직이지 않도록 고정해줍니다.
실을 실걸이 가이드에 통과시킨 다음 바늘에 끼웁니다.

③자동 실끼우기 장치
미싱바늘에 실을 끼우는 번거롭고 어려운 작업을 손동작 몇 번으로 쉽고 빠르고 간편하게 할 수 있도록 도와줍니다.

④노루발
원단을 작업이 가능한 상태로 미싱에 고정하는 부품. 봉합 종류에 따라 해당 전용 노루발을 사용합니다.

⑤수평 가마
북알 장착이 수월한 수평형 가마로 밑실을 감아둔 북알을 장착합니다.

[③자동 실끼우기 장치]

◆다양한 디자인 봉제 & 이니셜 봉제

다양한 디자인의 스티치와 이니셜 봉제가 가능해 나만의 개성이 담긴 작품을 만들 수 있습니다.

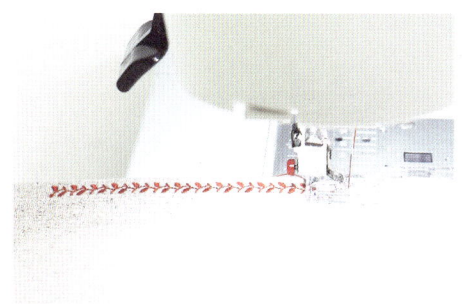

2·2 가정용 오버록 미싱

본 서적에 사용한 오버록 미싱인 자노메 에어스레드 2000D를 기준으로 소개합니다.
기종에 따라 각 미싱의 사용 방법이 다르니 설명서를 참고하세요.

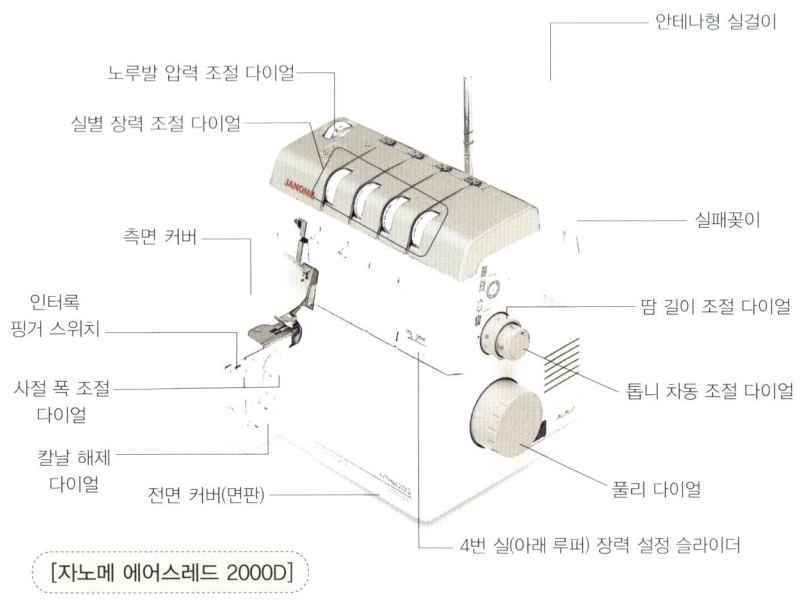

[자노메 에어스레드 2000D]

주요 부품: 노루발 압력 조절 다이얼, 실별 장력 조절 다이얼, 측면 커버, 인터록 핑거 스위치, 사절 폭 조절 다이얼, 칼날 해제 다이얼, 전면 커버(면판), 4번 실(아래 루퍼) 장력 설정 슬라이더, 안테나형 실걸이, 실패꽂이, 땀 길이 조절 다이얼, 톱니 차동 조절 다이얼, 풀리 다이얼

◆ 오버록 스티치 종류

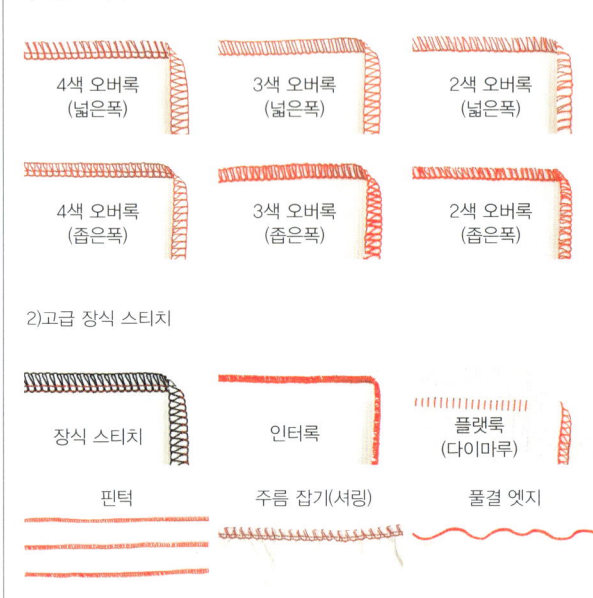

1) 기본 스티치: 4색 오버록(넓은폭), 3색 오버록(넓은폭), 2색 오버록(넓은폭), 4색 오버록(좁은폭), 3색 오버록(좁은폭), 2색 오버록(좁은폭)

2) 고급 장식 스티치: 장식 스티치, 인터록, 플랫록(다이마루), 핀턱, 주름 잡기(셔링), 물결 엣지

◆ 오버록 미싱의 주요 기능

① 1번, 2번 실 끼우기 장치

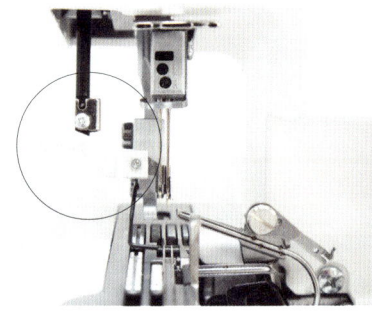

바늘 구멍을 찾을 필요 없이 자동 실 끼우기 장치로 한번에 1번, 2번 실을 끼울 수 있습니다.

② 3번, 4번 실 끼우기 장치

공기로 실을 끼우는 에어 스레딩 기술로 레버를 움직여 3, 4번 실을 간편하게 끼울 수 있습니다.

③ 쉬운 바늘 교체

자노메 에어스레드 미싱에는 바늘 홀더가 기본 구성품으로 들어있어 쉽고 정확하게 바늘을 교체할 수 있습니다.

④ 칼날 해제 다이얼(ⓐ), 사절 폭 조절 다이얼(ⓑ)

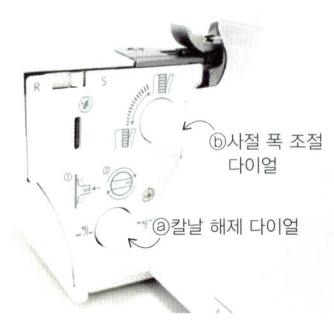

봉제 도중 원단을 들추거나 커버를 열 필요 없도록 다이얼을 미싱 오른쪽에 두었습니다. 특히 자주 변경하는 '칼날 해제', '사절 폭 조절' 다이얼은 칼날 바로 아래에 있어 효율적입니다.

⑤ 통합 조절 다이얼

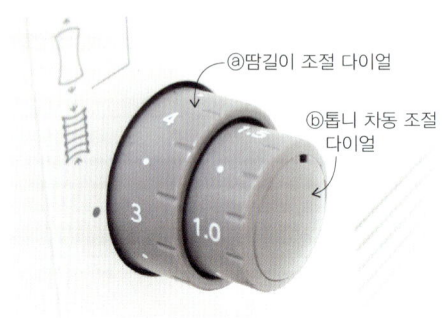

ⓐ 땀길이 조절 다이얼, ⓑ 톱니 차동 조절 다이얼

다양한 스티치 표현을 결정하는 '땀 길이 조절(ⓐ)'과 '톱니 차동 조절(ⓑ)'을 1개의 통합 다이얼로 조절할 수 있으며, 설정값을 한 눈에 보고 조작할 수 있어 편리합니다.

자세한 미싱 설명과 구입처는 QR코드로 확인하실 수 있습니다.

2·3 가정용 자수 미싱

본 서적에 사용한 NCC 자수 미싱 티파니를 기준으로 소개합니다.
기종에 따라 각 미싱의 사용 방법이 다르니 설명서를 참고하세요.

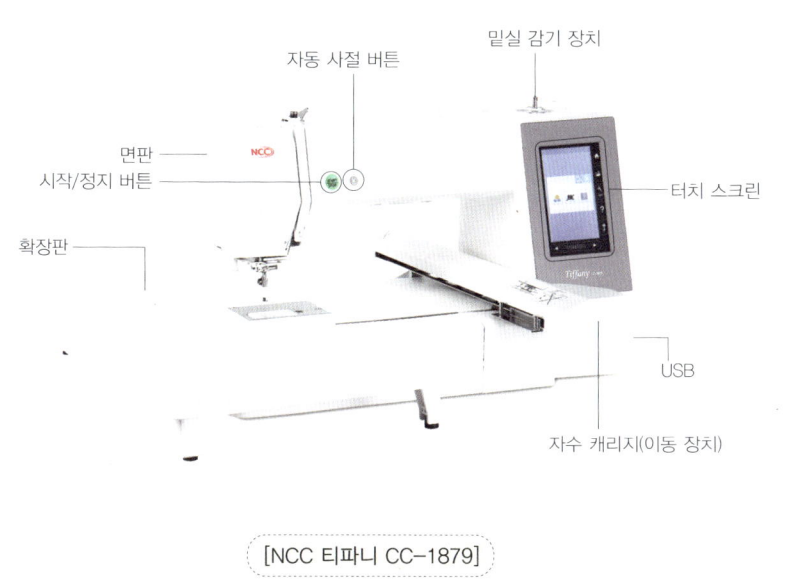

[NCC 티파니 CC-1879]

◆용도에 따른 크기별 자수틀

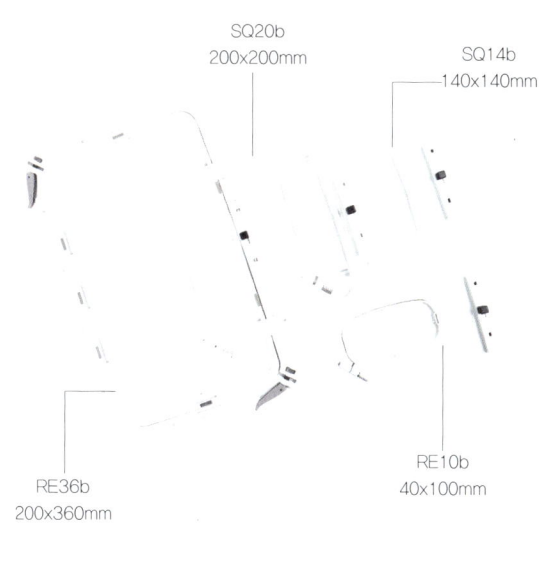

◆자수 미싱의 주요 기능

①자수틀을 장착할 캐리지

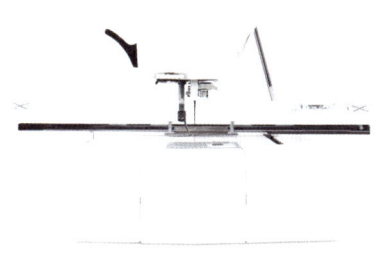

더 간편하고 더 안정적인 '레버+핀고정' 방식 고정 장치로 초대형 후프도 안전하게 지탱해 줄 수 있습니다.

②편리한 사절 장치

티파니 미싱은 가위 없이도 언제나 사용할 수 있도록 3곳에 사절 장치가 내장되어 있어 편리합니다.

③다양한 전문 편집기능

티파니 미싱은 터치 스크린을 통해 자수 디자인 회전·이동·복사 등 기본 편집과 편리한 설정들을 활용할 수 있습니다.

④USB를 활용한 파일 전송

2가지 타입의 USB 포트로 USB 저장 장치 또는 PC와 직접 연결하여 빠른 파일 전송이 가능합니다.

자수 사용 작품 : [20] 패브릭 바구니(2종)

자세한 미싱 설명과 구입처는 QR코드로 확인하실 수 있습니다.

step 3. 소잉을 시작하기 전에 before sewing

3·1 사이즈 표

본 서적의 실물크기 패턴은 오른쪽 사이즈 표를 기준으로 제작되었습니다. 신생아와 아동은 신장 기준으로 실물크기 패턴을 사용해주세요.
먼저 사이즈를 측정하여 제일 근접한 사이즈의 실물크기 패턴을 사용하는 것이 좋습니다.

①신생아 신체 실측 치수

사이즈 분류(단위)	50	60	70
신장(cm)	50	60	70
몸무게(kg)	3	6	9
월령(개월)	0~3	3~6	8~9

②아동 신체 실측 치수 ※단위(cm)

사이즈 분류	80	90	100	110	120	130
신장	80	90	100	110	120	130
가슴둘레	50	52	54	57	60	64
엉덩이둘레	50	52	57	60	63	70

◆참고
· 사이즈는 재는 방법에 따라 1~3cm 정도 차이가 있을 수 있습니다.
· 화보 촬영에 사용한 신생아 작품은 60사이즈로 제작했습니다.
· 아동 모델(남-94cm/15kg, 여-93cm/14kg)은 화보 촬영에서 100사이즈를 착용했습니다.

3·2 패턴 제도 기호

· 식서 표시
원단의 세로 올 방향(식서 방향)을 표시합니다.

· 접음선
접는 위치를 표시한 선입니다.

· 턱
빗금의 높은 쪽에서 낮은 쪽으로 원단을 접어 주름을 만듭니다.

· 맞춤 표시
2장 이상의 원단을 서로 맞춰 봉합할 때, 원단이 어긋나지 않도록 맞추는 표시입니다.

· 완성선
작품을 완성했을 때의 선을 표시합니다. 시접이 포함되지 않은 경우에는 가장 바깥쪽에 있는 선이 완성선이 됩니다.

· 상침선
장식효과와 더불어 형태를 안정시키는 선입니다.

· 단추
단추 다는 곳을 나타냅니다.

· 개더(주름)
큰 땀으로 봉제하여 주름을 잡는 부분을 나타냅니다.

· 골선
원단을 반으로 접어 재단할 때, 원단의 접음선 부분에 맞추는 선입니다.

· 다트
선과 선을 맞춰 봉합하여 형태를 입체적으로 만듭니다.

· 단춧구멍
단춧구멍 뚫는 곳을 나타냅니다.

· 오그림
오그려가며 줄여서 봉제하는 부분을 나타냅니다.

3·3 패턴 사용 방법

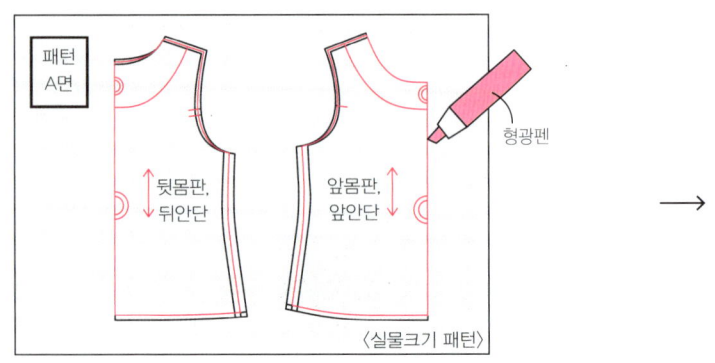 →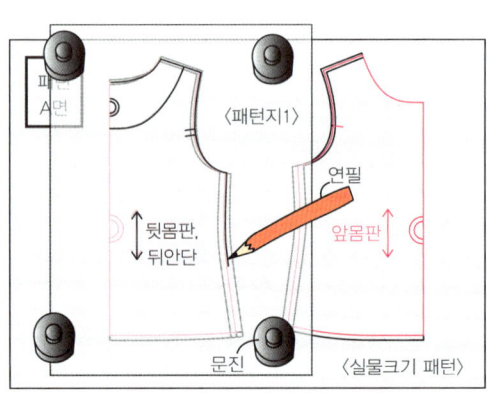

① 각 작품의 만드는 방법 페이지에 기재되어 있는 사용 패턴을 확인하고, 실물크기 패턴 용지(A~D면)를 펼친 후, 필요한 패턴 사이즈를 찾아 형광펜으로 선을 따라 그려준다

② 실물크기 패턴 위에 패턴지1을 올려두고 문진으로 움직이지 않도록 고정한 후, 완성선, 맞춤점, 봉합 끝점, 올 방향선, 단추 다는 곳, 주머니 다는 곳 등 연필로 빠짐없이 베낀다

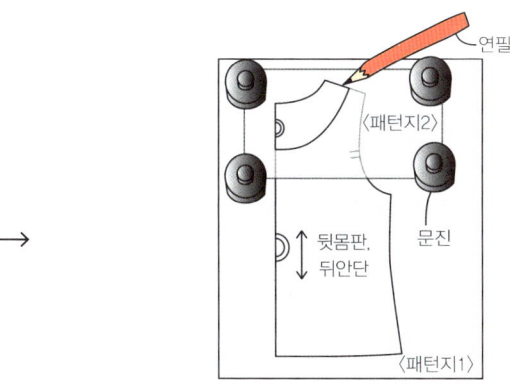
③ 그려놓은 패턴지1 위에 다른 패턴지2를 올려두고 문진으로 고정한 후, 패턴에 포함된 다른 패턴도 같은 방법으로 베낀다

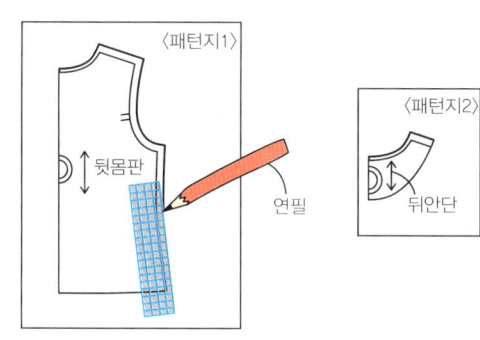
④ 실물크기 패턴에는 시접이 포함되어 있지 않기 때문에, 재단 배치도를 참고하여 패턴에 시접을 추가로 그려야 할 경우에는 방안자 등을 사용해 베낀 패턴지의 완성선에 맞춰서 평행하게 시접선을 그려준다

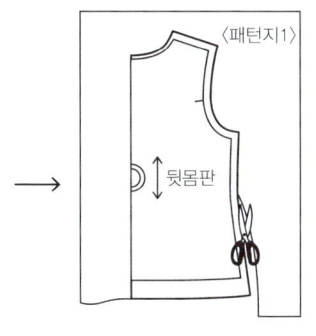
⑤ 시접선을 따라 패턴지를 자른다

◆ 시접을 줄 때 주의사항
- 서로 맞춰 봉합할 곳의 시접은 원칙적으로 같은 폭으로 합니다. 완성선에 평행하게 시접을 줍니다.
- 암홀 둘레, 어깨, 밑단에 시접을 줄 때는 베낄 종이의 여백을 남기고, 시접을 접어서 잘라 시접이 부족하지 않도록 합니다. (예) 참고)
- 원단 소재의 성질(두께, 늘어남분)이나 트임 끝점(뒷중심, 앞중심 등) 봉제 방법에 따라 시접 폭은 달라집니다. 반드시 재단 배치도의 각 부위의 시접량을 지켜주세요.

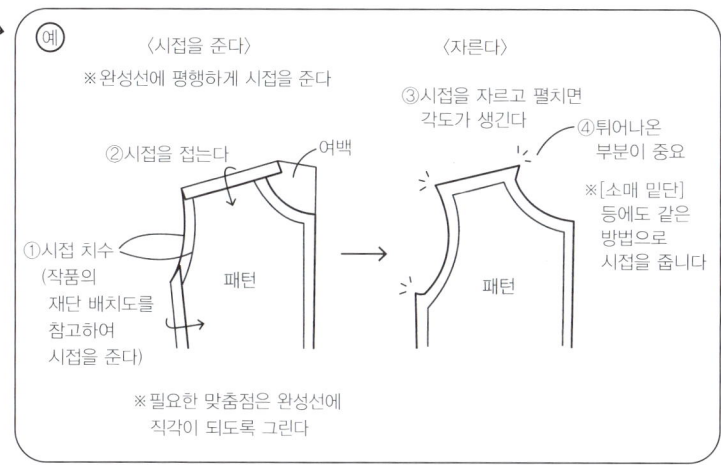

3·4 선세탁 하기(정련)

선세탁은 과거에 충분한 가공이 되지 않은 원단으로 옷을 완성할 경우, 세탁 후 심하게 줄어드는 현상을 예방하기 위해 하는 제작 공정이었습니다.
하지만 최근 생산되는 대부분의 원단은 충분한 가공이 되어 거의 수축되지 않으므로, 선세탁 없이 옷을 만들어도 괜찮습니다.

◆ 면과 마의 선세탁

 → 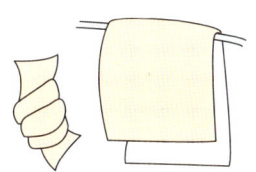 →

①충분한 양의 물에 원단을 1시간 정도 담가둔다 　②원단을 가볍게 짜고, 주름을 펴서 말린다 　③원단이 완전히 마르면 안쪽부터 바깥쪽으로 직조된 올 방향을 따라 다림질한다

◆ 울의 선세탁

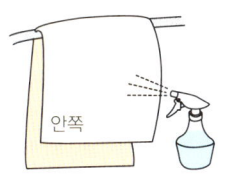 →  →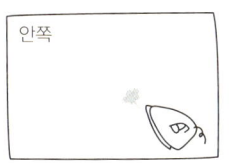

①원단의 안쪽에서 원단이 충분히 젖을 정도로 고르게 분무기로 물을 뿌린다 　②천을 가지런히 접어서 비닐봉지 등에 넣고 습기가 잘 밸 때까지 1시간 정도 둔다 　③천을 꺼내서 안쪽부터 바깥쪽으로 스팀을 주어 다림질을 해준다

3·5 올 방향 바로잡기

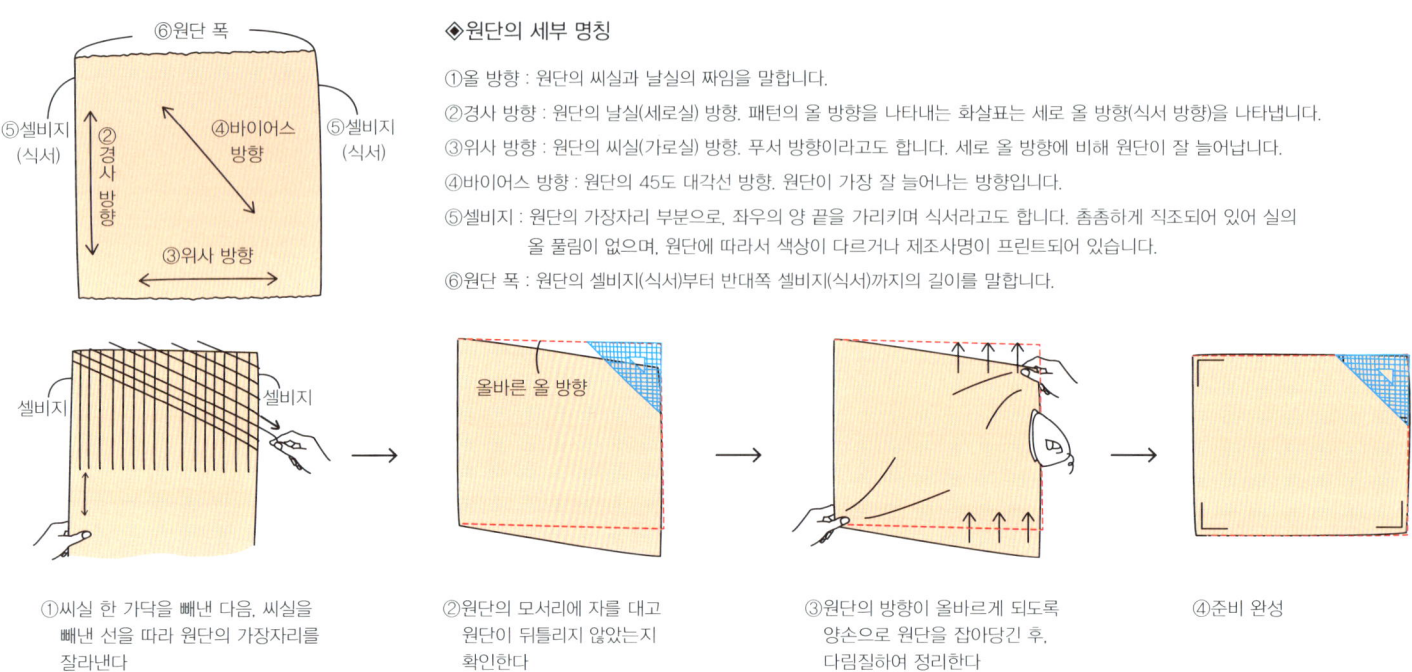

◆ 원단의 세부 명칭

① 올 방향 : 원단의 씨실과 날실의 짜임을 말합니다.
② 경사 방향 : 원단의 날실(세로실) 방향. 패턴의 올 방향을 나타내는 화살표는 세로 올 방향(식서 방향)을 나타냅니다.
③ 위사 방향 : 원단의 씨실(가로실) 방향. 푸서 방향이라고도 합니다. 세로 올 방향에 비해 원단이 잘 늘어납니다.
④ 바이어스 방향 : 원단의 45도 대각선 방향. 원단이 가장 잘 늘어나는 방향입니다.
⑤ 셀비지 : 원단의 가장자리 부분으로, 좌우의 양 끝을 가리키며 식서라고도 합니다. 촘촘하게 직조되어 있어 실의 올 풀림이 없으며, 원단에 따라서 색상이 다르거나 제조사명이 프린트되어 있습니다.
⑥ 원단 폭 : 원단의 셀비지(식서)부터 반대쪽 셀비지(식서)까지의 길이를 말합니다.

① 씨실 한 가닥을 빼낸 다음, 씨실을 빼낸 선을 따라 원단의 가장자리를 잘라낸다
② 원단의 모서리에 자를 대고 원단이 뒤틀리지 않았는지 확인한다
③ 원단의 방향이 올바르게 되도록 양손으로 원단을 잡아당긴 후, 다림질하여 정리한다
④ 준비 완성

3·6 원단 소요량 계산하는 방법

원단의 폭에 따라 필요한 길이도 다릅니다. 계산법에 맞춰 원단의 소요량을 미리 예상할 수 있습니다.

◆ 계산법

원단 폭	상의	스커트(팬츠)
90~92cm	[몸판 길이+소매 길이]×2+30cm	스커트 길이×2+20cm
110~120cm	[몸판 길이×2+소매 길이]+30cm	스커트 길이×2+20cm
140~180cm	몸판 길이+소매 길이+20cm	스커트 길이+15cm (벨트를 다는 경우, 벨트 길이+5cm)

◆ 패턴 배치 및 요척 계산법 (1/10축도법)

재단 전 사용할 원단을 넉넉히 준비하면 좋으나, 애매하게 남는 경우에는 낭비가 될 수 있습니다. 또한, 적절히 준비한 원단이어도 패턴의 배치에 따라 원단이 부족할 수 있으므로 미리 원단에 배치해 본 후 재단합니다. 그러므로 한 눈에 배치하기 쉽도록 1/10축도법을 사용하여 패턴을 미리 배치한 후 원단을 재단합니다.

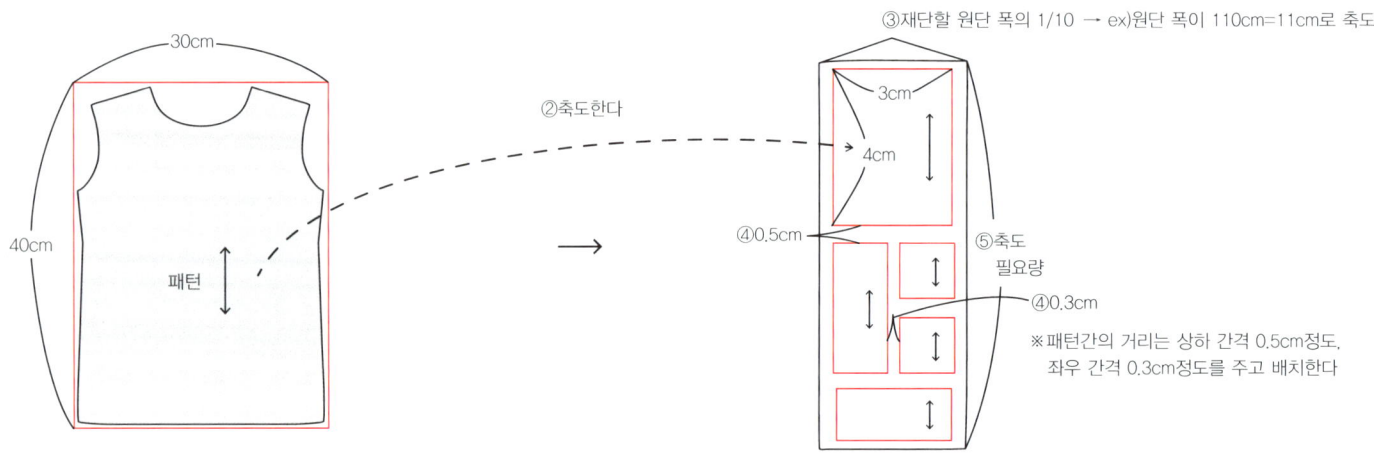

① 패턴을 각각 가장 긴 가로, 세로 길이의 1/10사이즈로 사각형을 그린다
ex)실측 30cm×40cm=3cm×4cm로 준비

③ 재단할 원단 폭의 1/10 → ex)원단 폭이 110cm=11cm로 축도
② 축도한다
④ 0.5cm
⑤ 축도 필요량
④ 0.3cm
※ 패턴간의 거리는 상하 간격 0.5cm정도, 좌우 간격 0.3cm정도를 주고 배치한다

⑥ ①번의 사각형을 필요한 장수만큼 식서 방향에 맞춰서 배치하고 가로, 세로 길이를 잰 다음, 10배를 곱하면 필요한 원단의 양이 된다 (요척=10×축도 필요량)
ex)축도 필요량이 15cm이면, 150cm길이가 필요

3·7 원단 종류에 따른 바늘과 실 고르는 방법

아래의 표를 참고하여 원단에 알맞은 미싱실과 미싱바늘을 사용합니다. 미싱바늘은 호수가 커질수록 굵어집니다.
미싱실은 호수가 커질수록 두께가 얇은 실이며, 기본적으로 윗실과 밑실을 같은 것으로 사용합니다.

◆ 원단 종류에 따른 바늘과 실

원단의 종류	얇은 원단 (노방, 쉬폰, 코튼 론)	보통 두께의 원단 (30~40수 코튼 리넨)	조금 두꺼운 원단 (20수 옥스포드)	두꺼운 원단(겉쪽 상침용) (데님, 18호 캔버스)
미싱바늘	9호	11호	14호	16호
미싱실	파인 프라임실	프라임실	프라임실	스티치 프라임실

3·8 재단하는 방법

◆ 재단하는 방법

· 필요한 패턴을 원단 위에 올려 놓습니다.

· 패턴에 기재되어 있는 올 방향선을 원단의 식서 방향에 맞춰 재단 배치도를 참고하여 배치합니다.

· 패턴이 움직이지 않도록 시침핀&문진으로 고정한 다음, 몸을 이동해가며 로터리칼이나 재단 가위로 재단합니다.

· 실물크기 패턴이 들어있지 않는 경우, 재단 배치도의 치수를 참고하여 원단에 직접 제도하여 사용합니다.

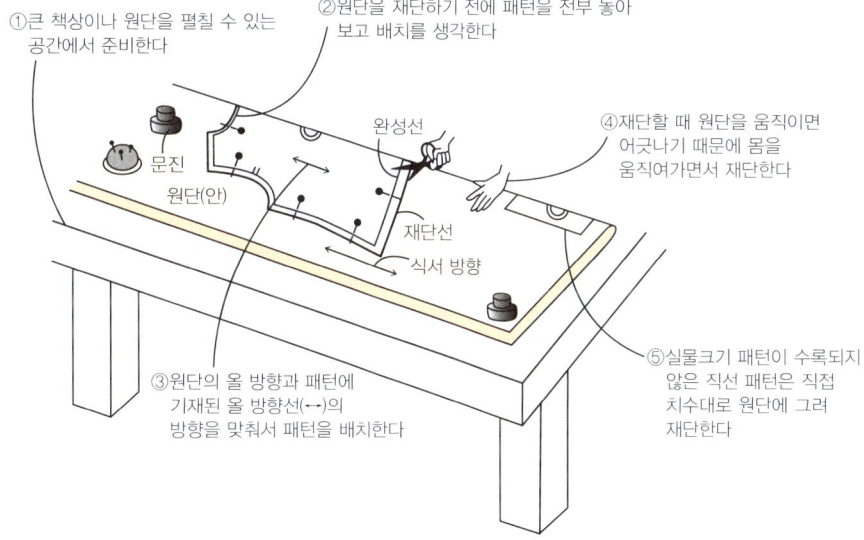

① 큰 책상이나 원단을 펼칠 수 있는 공간에서 준비한다
② 원단을 재단하기 전에 패턴을 전부 놓아 보고 배치를 생각한다
③ 원단의 올 방향과 패턴에 기재된 올 방향선(→)의 방향을 맞춰서 패턴을 배치한다
④ 재단할 때 원단을 움직이면 어긋나기 때문에 몸을 움직여가면서 재단한다
⑤ 실물크기 패턴이 수록되지 않은 직선 패턴은 직접 치수대로 원단에 그려 재단한다

◆ 패턴 배치 참고 사항

원단을 안끼리 맞대어 접지 않고 펼쳐서 베낀 패턴지를 배치할 경우에 2장으로 재단해야 하는 패턴 중 한 장은 좌·우 반전시켜 원단에 배치해야 합니다.

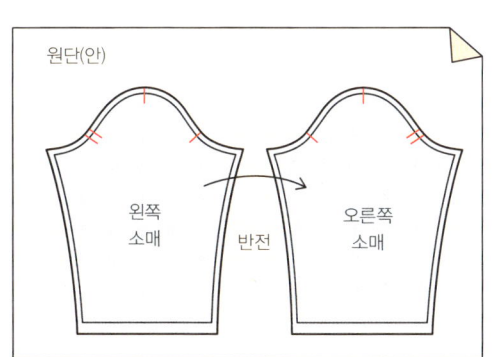

3·9 심지 종류

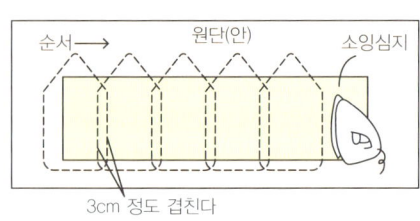

1) 가방심지(접착심)
두께에 비해 빳빳하며 형태 유지가 필요한 작품에 부착하여 사용한다. 작은 소품이나 형태가 있는 가방류에 많이 사용한다. 원단에 부착 시 얇은 천이나 광목을 대고 다림질을 하면 다리미에 풀이 묻지 않는다.

2) 커버링심지(접착심)
심지에 기모가공을 하여 보온성을 향상시킨 심지로, 유연하며 보온성을 필요로 하는 의상이나 소품에 많이 사용한다. 특히, 심지의 열 고정성이 좋기 때문에 겨울 원단에도 사용 가능하다.

3) 소잉심지(접착심)
얇은 폴리에스테르 소재의 심지로, 원단의 결을 잡아주는 용도. 겉감(또는 안감) 안쪽에 부착한다.

4) 양면 멜트심지(양면 접착심)
양면으로 접착이 가능한 그물 조직의 반투명한 심지로, 매우 얇기 때문에 부착 후에도 두께감에 영향을 주지 않는다. 봉제 작업 전, 다양한 작업물이나 비접착 심지를 고정할 수 있다. 다리미에 풀이 묻지 않도록 완성선에서 0.3cm 작게 재단한다.

5) 솜고정용 접착테이프 심지(2.5cm폭)
원단에 솜 심지 또는 두께감 있는 심지를 부착할 때, 가장자리에 붙여 원단과 솜 심지 사이를 들뜸 없이 밀착되도록 고정하는 역할을 한다.

6) 소프트 보강심지(비접착심)
작품의 형태감을 잡아주는 가벼운 심지. 비접착심이므로 양면 멜트심지를 원단과 보강심지 사이에 위치시키고 다림질로 고정한다. 일반적으로 보강심지는 완성선에서 0.3cm 작게 재단한다.

7) 퀼팅솜(접착심or비접착심)
압축된 솜에 접착풀 가공 여부에 따라 접착과 비접착으로 구분. 퀼팅솜은 완성선까지만 재단하고 먼저 다림질로 부착 후, 솜고정용 접착테이프 심지를 이용하여 시접에 다림질로 한번 더 고정해서 안정감을 준다.

8) 안감심지
원단의 안쪽 면에 접착풀 가공을 한 심지로, 안감을 달아야 하는 번거로움 없이 겉감에 안감심지를 부착하여 보다 쉽게 작품의 완성도를 높일 수 있다. 의상보다는 주로 간단하게 제작하는 소품에 많이 쓰인다.

3·10 심지 붙이기

① 원단에 소잉심지를 붙일 때에는 다리미로 틈이 생기지 않도록 꼼꼼하게 눌러가면서 접착합니다.

② 칼라나 곡선이 있는 패턴의 경우, 크게 재단한 원단의 안에 소잉심지를 붙이고 나서 패턴을 올리고, 원단을 재단하면 좋습니다.

◆주의
심지의 소재는 다양하다. 사용하는 소재가 합성섬유일 경우, 다리미의 온도를 소재에 맞춰 맞춘 후 예열하고 사용한다. 특히, 다리미에 접착풀이 묻지 않도록 항상 주의한다.

3·11 테이프 심지 종류

1) 식서 방향 테이프 심지
주로, 직기 원단에 사용하며 늘어남을 방지하기 위해 직선 부분에 부착해 사용한다.

2) 바이어스 방향 테이프 심지
주로, 다이마루 원단이나 곡선 부위에 사용되며 늘어남을 방지하기 위해 몸판의 암홀이나 목둘레 등 곡선에 부착해 사용한다.

3) 소잉테이프 심지
바이어스 방향 테이프 심지와 얇은 폭의 식서 방향 테이프 심지가 함께 두 겹으로 되어있어. 직선과 곡선 중 어떤 부분에도 사용할 수 있다.

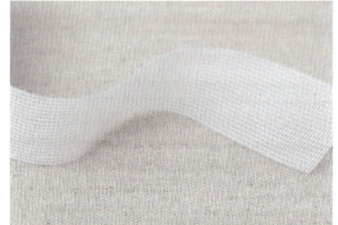

4) 지퍼전용 테이프 심지
1.8cm폭의 심지이며, 지퍼 다는 부분에 늘어남을 방지하기 위해 부착한다. 시접보다 폭이 넓기 때문에 지퍼 봉제선까지 부착되어 안정적으로 봉제할 수 있다.

3·12 테이프 심지 붙이기

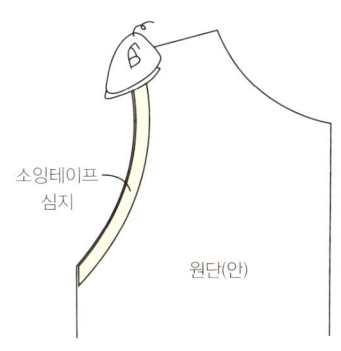

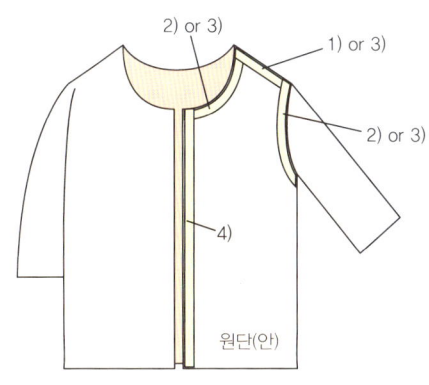

- 목둘레나 암홀 둘레에는 늘어남을 방지하기 위해, 테이프 모양의 소잉테이프 심지를 사용하면 편리합니다.

- 소잉테이프 심지의 접착면을 겉감 원단 안쪽 면의 부착해야 할 시접에 맞춰 얹고, 겉감과 심지 사이에 먼지나 실오라기 등이 들어가지 않도록 주의하며 다리미로 꾹꾹 눌러 다림질합니다.

※번호는 P.44-3·11 테이프 심지 종류의 번호입니다.

3·13 23. 백팩에 사용되는 심지 재단·부착 방법

이 페이지에서는 23. 백팩 제작 설명서의 재단 배치도에 기재된 심지의 재단·부착 방법을 소개하고 있습니다. 아래 내용을 참고하여 심지 작업을 해주세요.

◆안감심지 재단·부착 방법

· 앞몸판을 기준으로 설명합니다. 뒷몸판과 옆몸판도 같은 방법으로 작업을 해주세요.

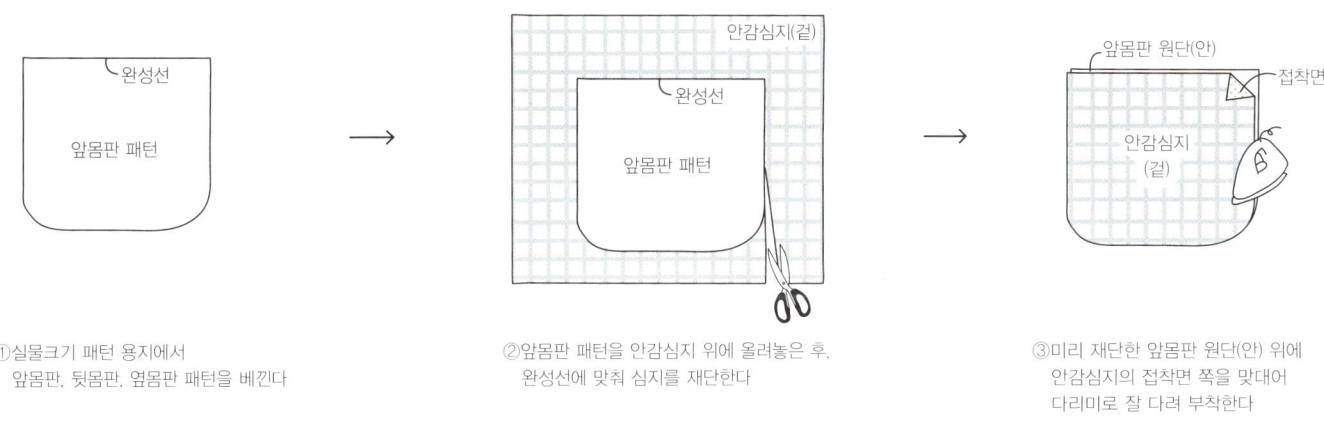

①실물크기 패턴 용지에서 앞몸판, 뒷몸판, 옆몸판 패턴을 베낀다

②앞몸판 패턴을 안감심지 위에 올려놓은 후, 완성선에 맞춰 심지를 재단한다

③미리 재단한 앞몸판 원단(안) 위에 안감심지의 접착면 쪽을 맞대어 다리미로 잘 다려 부착한다

◆보강심지(푸딩) 재단 방법

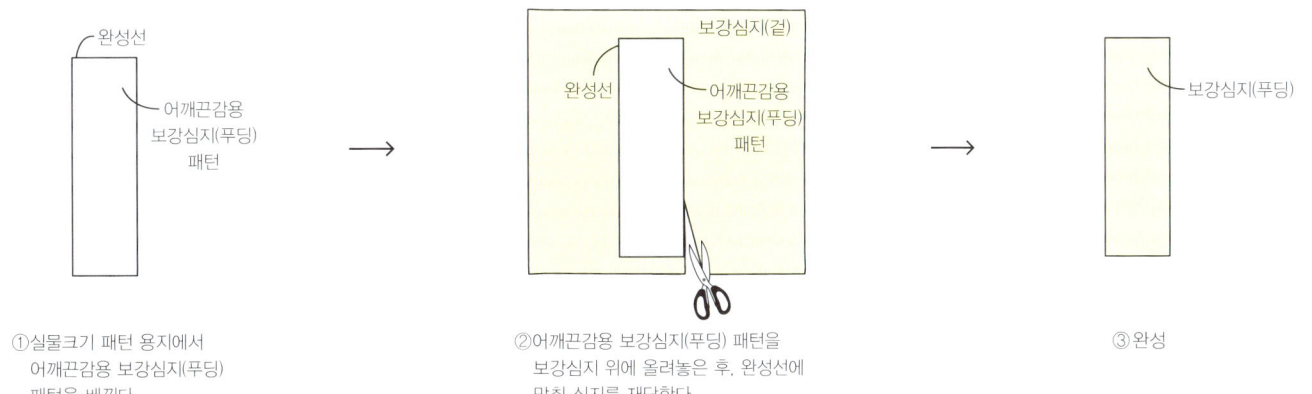

①실물크기 패턴 용지에서 어깨끈감용 보강심지(푸딩) 패턴을 베낀다

②어깨끈감용 보강심지(푸딩) 패턴을 보강심지 위에 올려놓은 후, 완성선에 맞춰 심지를 재단한다

③완성

step 4. 원 포인트 레슨 one point lesson

4·1 바이어스천 만들기

◆바이어스천 만들기

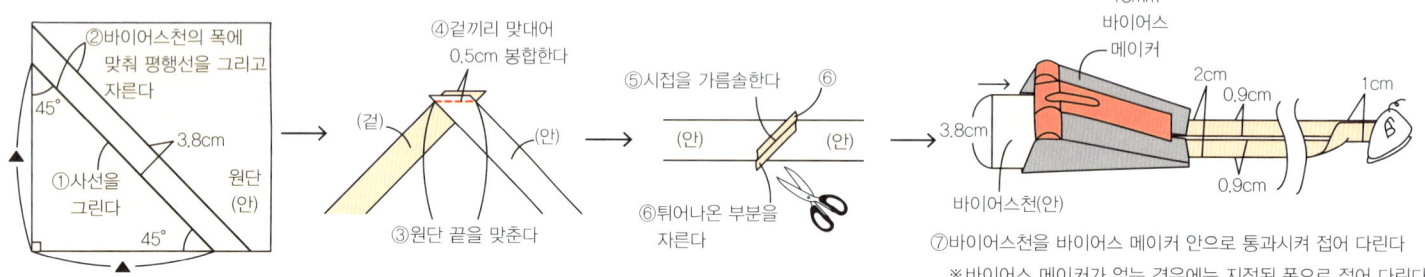

◆바이어스천 달기

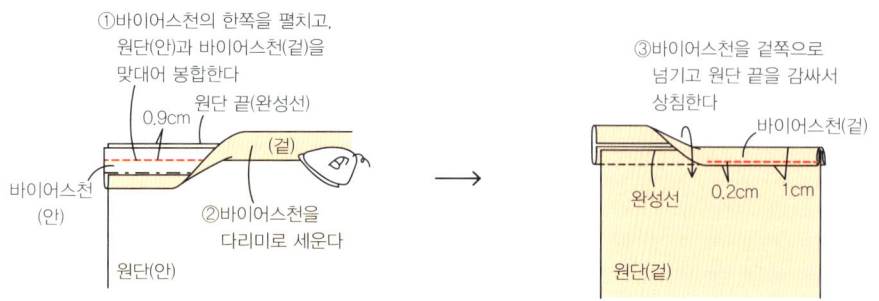

※시중에 판매하고 있는 바이어스 테이프도 동일한 방법으로 단다

4·2 안바이어스 만들기

◆안바이어스천 만들기

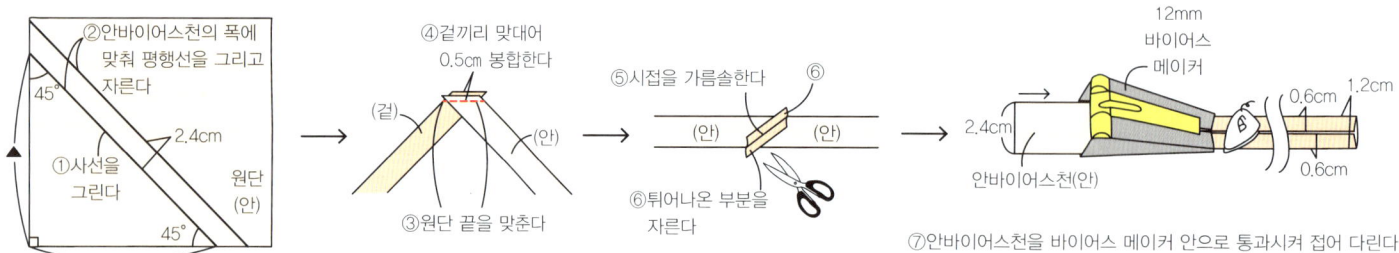

◆안바이어스천 달기

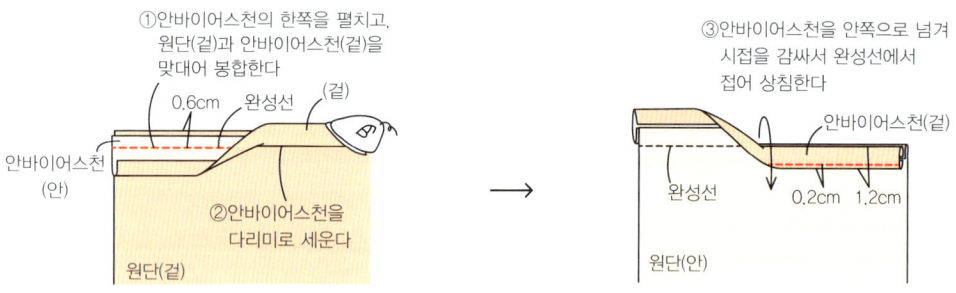

◆ 기성 바이어스 테이프로 안바이어스 테이프 만드는 방법

안바이어스로 사용되는 테이프는 시중에 판매되고 있지 않기 때문에 바이어스 테이프를 잘라 안바이어스로 만들어 사용합니다.

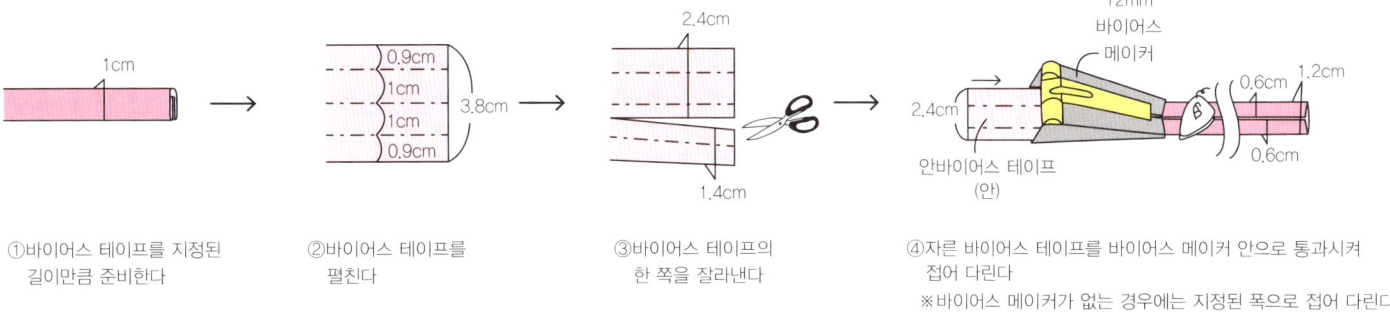

① 바이어스 테이프를 지정된 길이만큼 준비한다
② 바이어스 테이프를 펼친다
③ 바이어스 테이프의 한 쪽을 잘라낸다
④ 자른 바이어스 테이프를 바이어스 메이커 안으로 통과시켜 접어 다린다
※ 바이어스 메이커가 없는 경우에는 지정된 폭으로 접어 다린다

4·3 턱 표시와 잡는 방법

빗금의 높은 쪽에서 낮은 쪽으로 원단을 접어 턱 주름을 잡습니다.

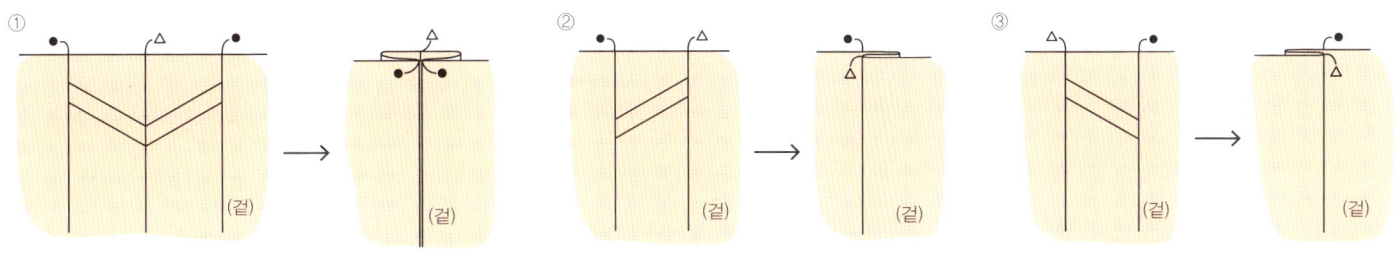

4·4 주름 잡는 방법

이 페이지에서는 스커트 다는 방법 기준으로 설명합니다.

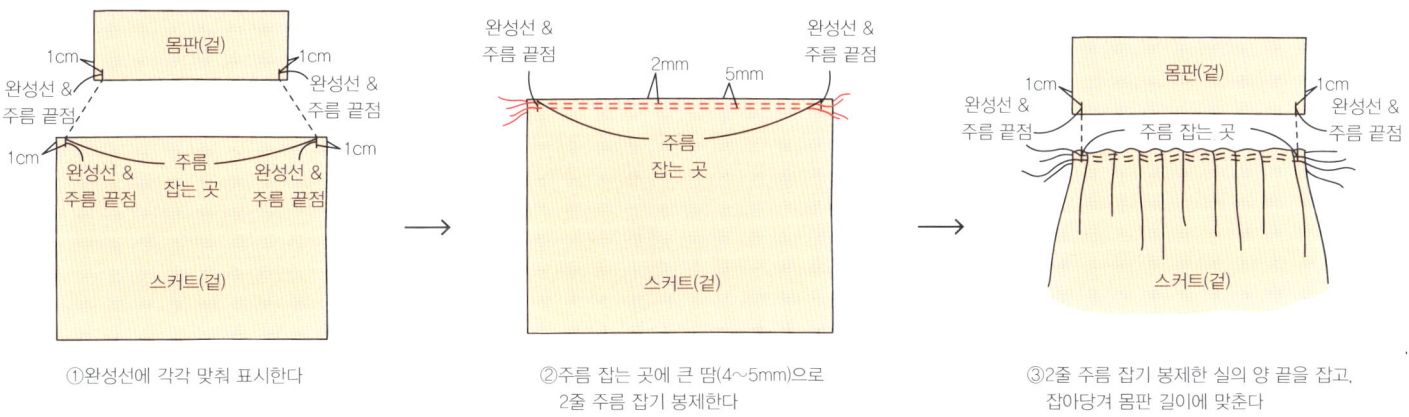

① 완성선에 각각 맞춰 표시한다
② 주름 잡는 곳에 큰 땀(4~5mm)으로 2줄 주름 잡기 봉제한다
③ 2줄 주름 잡기 봉제한 실의 양 끝을 잡고, 잡아당겨 몸판 길이에 맞춘다

4·5 주머니 다는 방법

이 페이지에서는 제작설명서에서 공통된 주머니 다는 방법 기준으로 설명합니다.

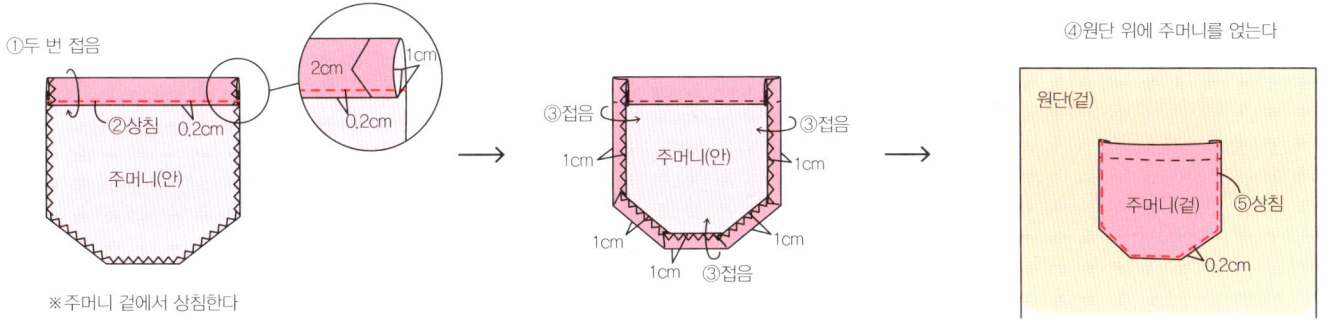

① 두 번 접음
② 상침
※ 주머니 겉에서 상침한다
③ 접음
④ 원단 위에 주머니를 얹는다
⑤ 상침

4·6 고무줄 끼우개 사용 방법

집게형 끼우개는 끈이나 고무줄의 끝을 한 번 꽉 조여주기 때문에 중간에 끈이 빠질 염려 없이 쉽고 빠르게 통과시킬 수 있습니다.

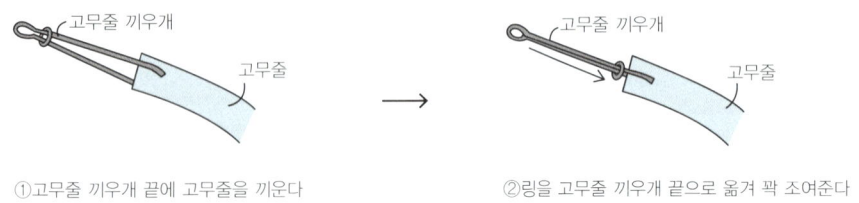

4·7 단뜨기 하는 방법

◆ 새발뜨기 (손바느질)

단을 접었을 때 가장자리를 고정시키는 바느질 방법입니다. 주로 두꺼운 원단에 많이 사용하며, 바늘땀이 겉에서 나타나지 않도록 하는 것이 좋습니다.

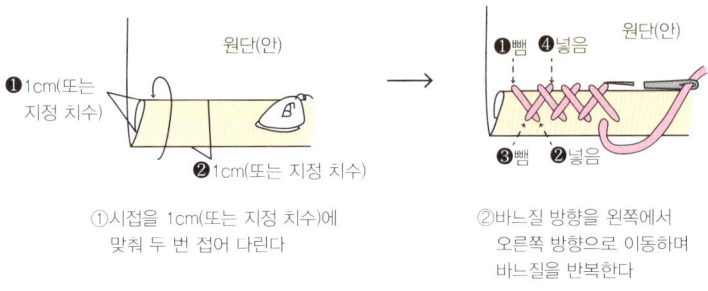

◆ 미싱을 사용하여 단뜨기하는 방법

미싱의 기능 중, 감침질 노루발을 사용합니다. 미싱이 없을 경우에는 새발뜨기(손바느질)로 대체할 수 있습니다.

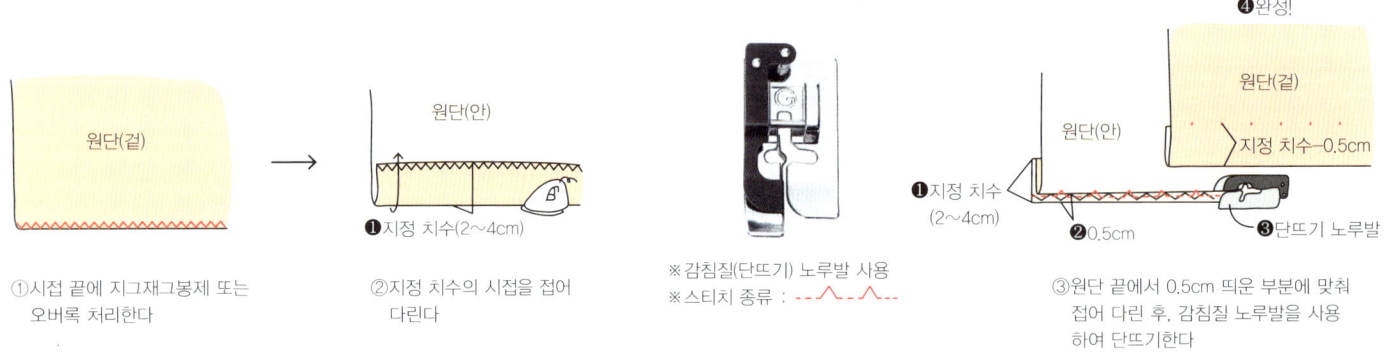

4·8 단추 위치 정하기

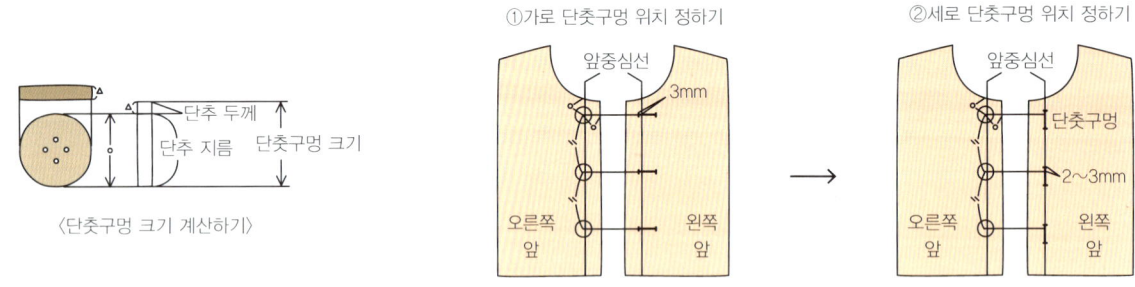

4·9 단춧구멍 만들기와 단추 달기

◆손바느질로 단춧구멍 만들기

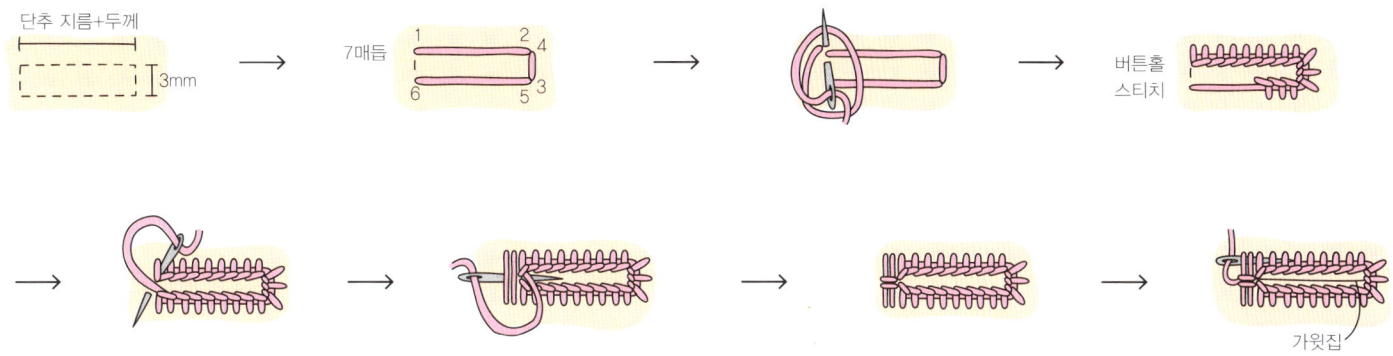

◆단추 달기

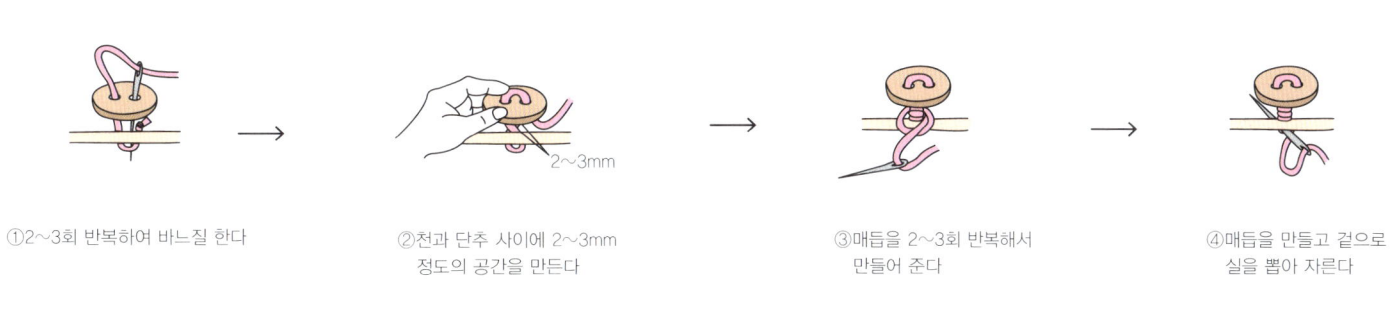

① 2~3회 반복하여 바느질 한다   ② 천과 단추 사이에 2~3mm 정도의 공간을 만든다   ③ 매듭을 2~3회 반복해서 만들어 준다   ④ 매듭을 만들고 겉으로 실을 뽑아 자른다

4·10 단추 및 부속 달기

◆T단추 달기

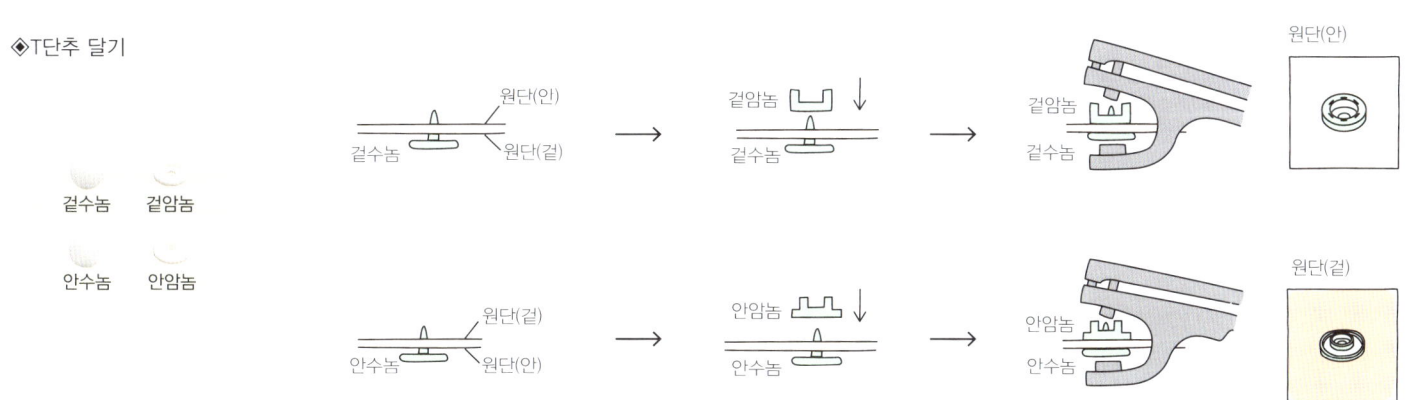

◆아일렛 달기

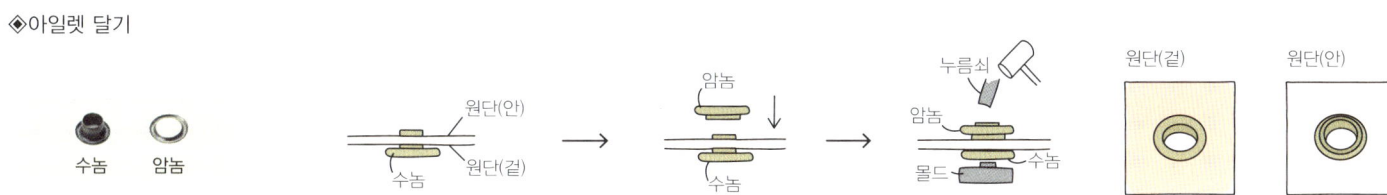

HOW TO MAKE

● 이 책에서는 작품을 신생아(50/60/70) 사이즈, 아동(80/90/100/110/120/130) 사이즈로 소개하고 있습니다. P.40의 3·1 사이즈 표를 확인한 다음, 각 작품의 만드는 방법 페이지에 기재된 완성 사이즈를 참고해 적합한 사이즈를 선택해주세요.

● 패턴을 사용하는 방법은 P.40의 3·3 패턴 사용 방법을 참고합니다. 이 책의 부록인 실물크기 패턴지의 패턴에는 시접이 포함되어 있지 않습니다. 각 작품 만드는 방법 페이지의 재단 배치도에 기재된 치수에 따라 시접을 더해주세요.

● 각 작품 만드는 방법 페이지의 재단 배치도에 표기된 원단 요척과 재료의 양은 가장 큰 사이즈 패턴을 기준으로 작성되어 있습니다. 다른 사이즈의 패턴으로 제작할 경우, 약간의 차이가 있을 수 있습니다.

● 각 작품 만드는 방법 페이지에 기재된 원단의 폭은 화보 속 작품을 제작한 원단의 폭 기준으로 작성되었습니다. 다른 폭의 원단으로 제작 시 소요량에 약간의 차이가 있을 수 있으니, P.42의 3·6 원단 소요량 계산하는 방법을 참고하여 원단 소요량을 계산한 다음 재단해주세요.

01. 배냇저고리(2종) photo … p.06

●완성 사이즈(공통)

사이즈	50	60	70
가슴둘레	51.5	54	59.5
옷길이	32	35	38
소매길이	30	32	35

●재료
· (공통)겉감 … 150cm폭 x 90cm
· (공통)와펜 … 1개
· (공통)약 1cm(완성폭) 바이어스 테이프 … 1팩
· (공통)1.15cm폭 T단추 … 3쌍
· (레이스 디자인)4cm폭 레이스 … 1마

●패턴에 대해서(공통)
· 패턴 면수 … A면의 [01] 패턴을 사용합니다.
· 사용 패턴 … 몸판, 손싸개

●재단 배치도(공통)
· 지정 이외의 시접은 1cm.

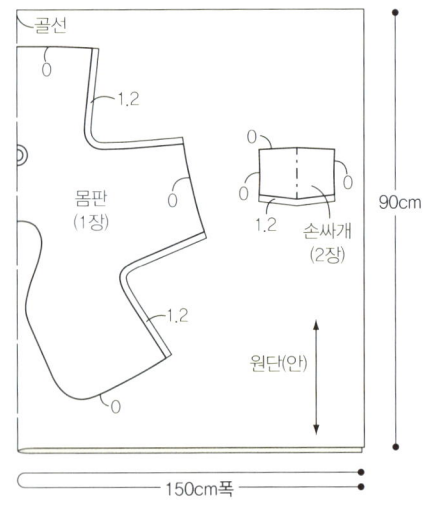

●만드는 순서

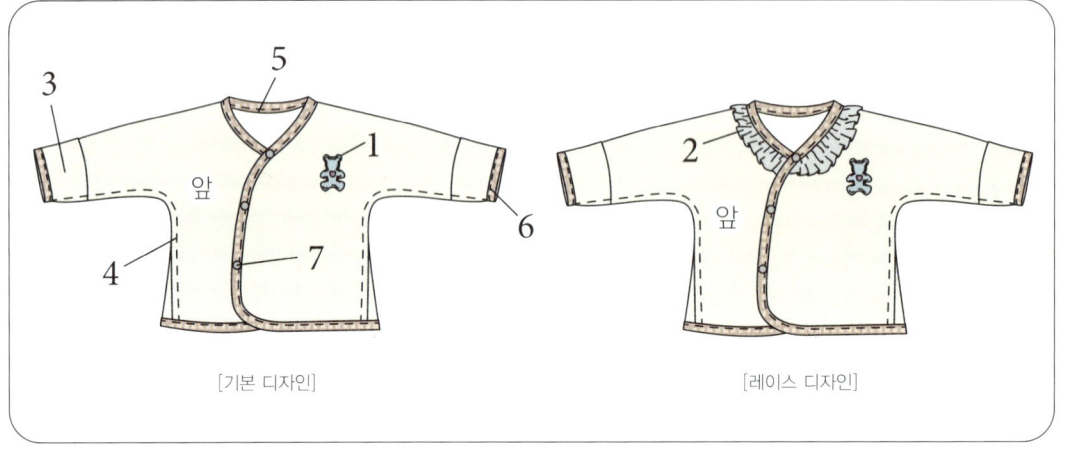

[기본 디자인]   [레이스 디자인]

●만드는 방법
· 치수가 기재되어 있지 않은 곳은 1cm로 봉합합니다.
· 기본 디자인은 1, 3~7번 과정 순서대로 만들고, 레이스 디자인은 1~7번 과정 순서대로 만들어 주세요.
· 레이스, 바이어스 테이프의 길이는 필요한 길이보다 여유 있게 기재되어 있습니다.
  다는 곳의 길이에 맞춰 여분을 잘라서 사용해주세요.

1 몸판에 와펜을 단다

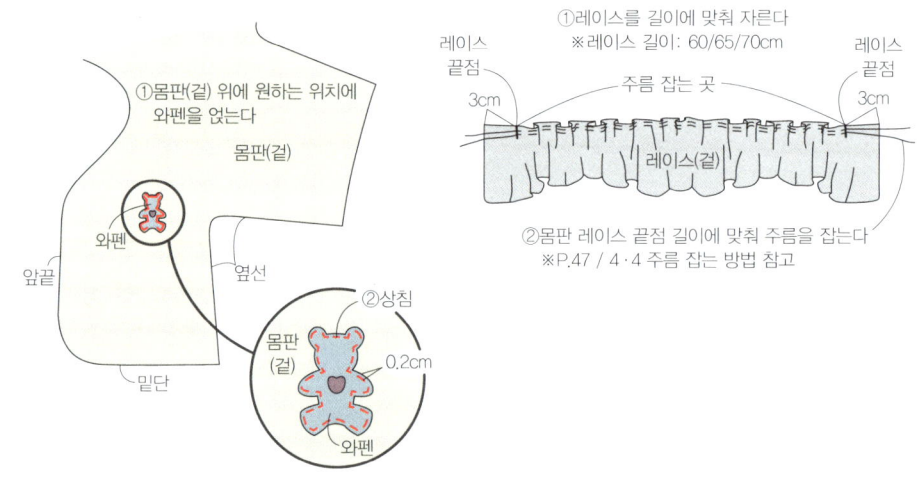

2 몸판에 레이스를 단다(레이스 디자인)

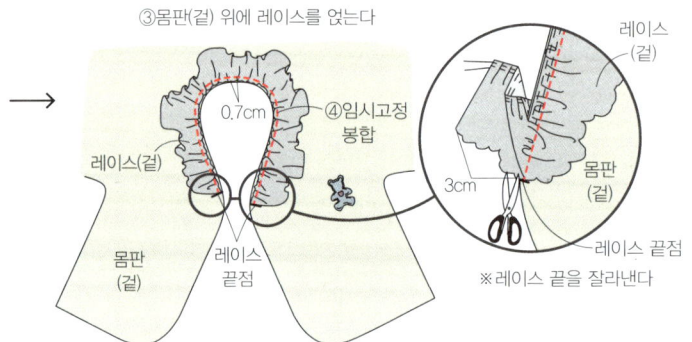

3 몸판에 손싸개를 단다

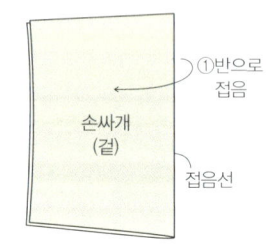

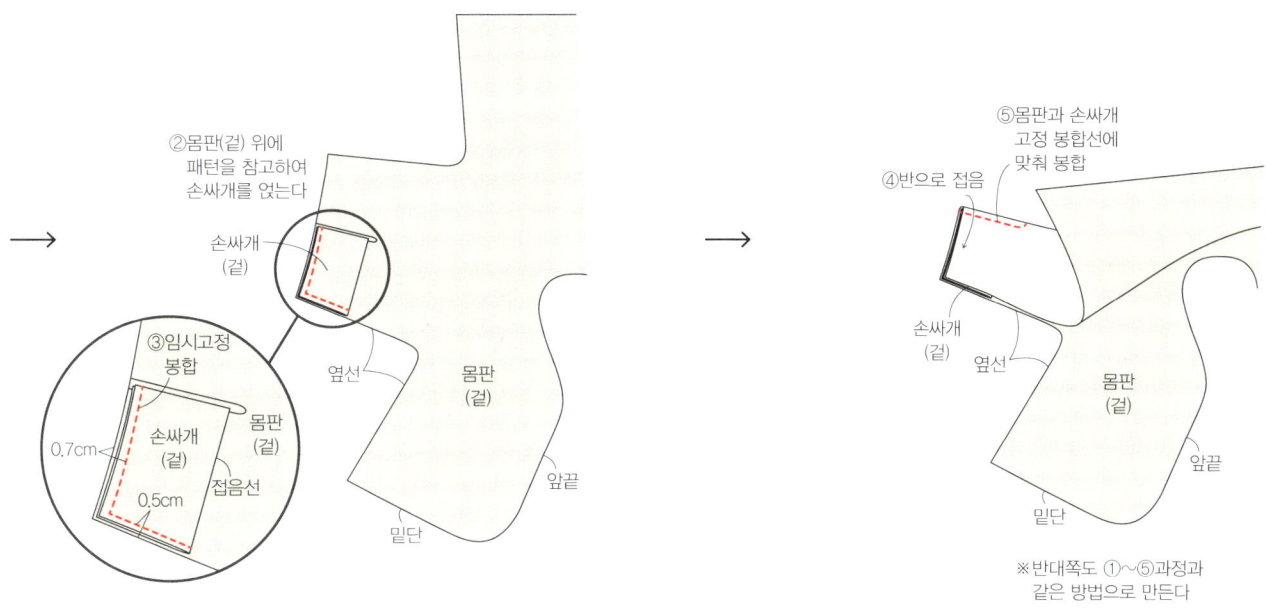

4 몸판의 옆선을 봉합한다

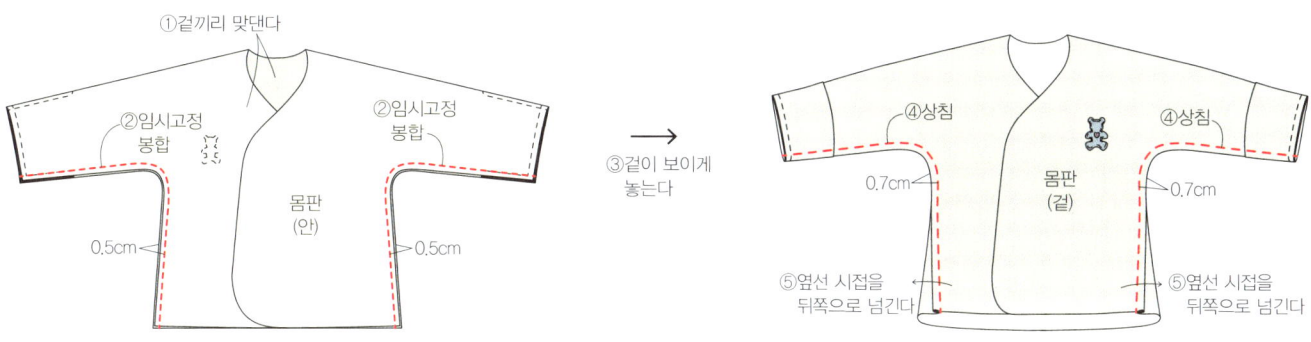

5 몸판의 바깥둘레를 바이어스 처리한다

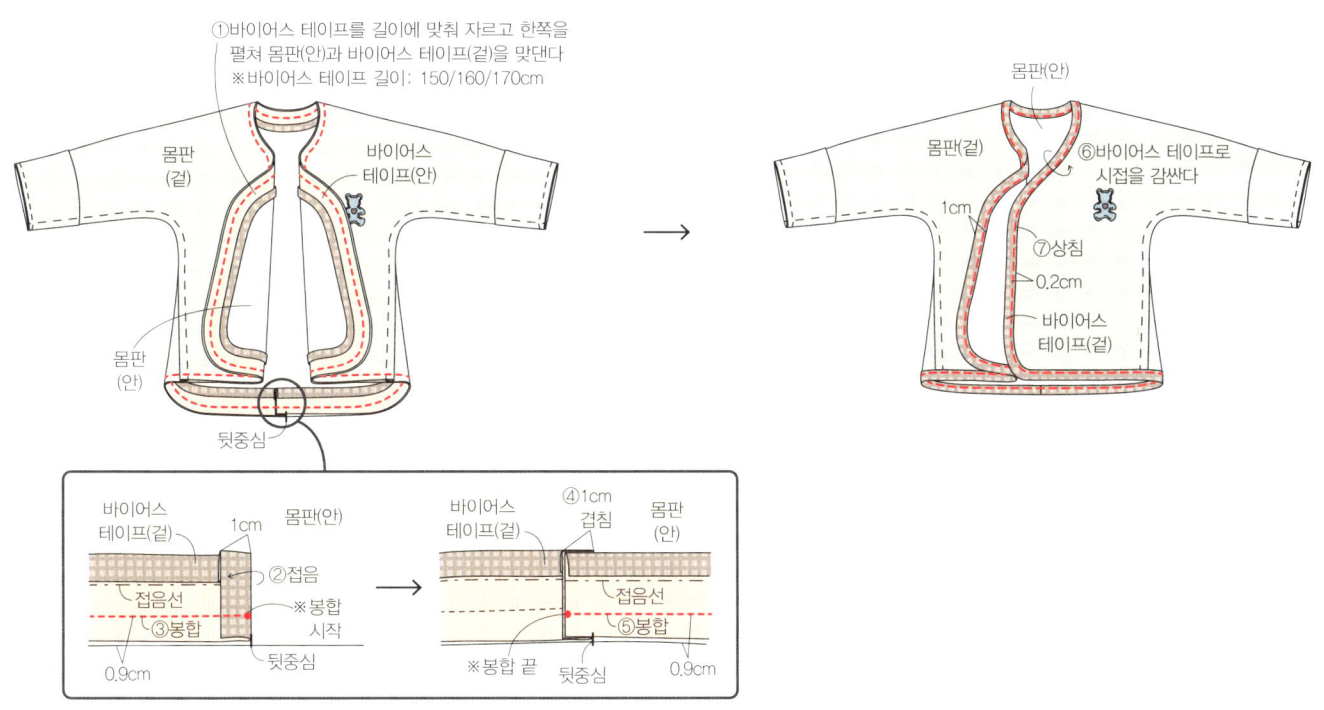

01. 배냇저고리(2종)

6 소매의 밑단을 바이어스 처리한다

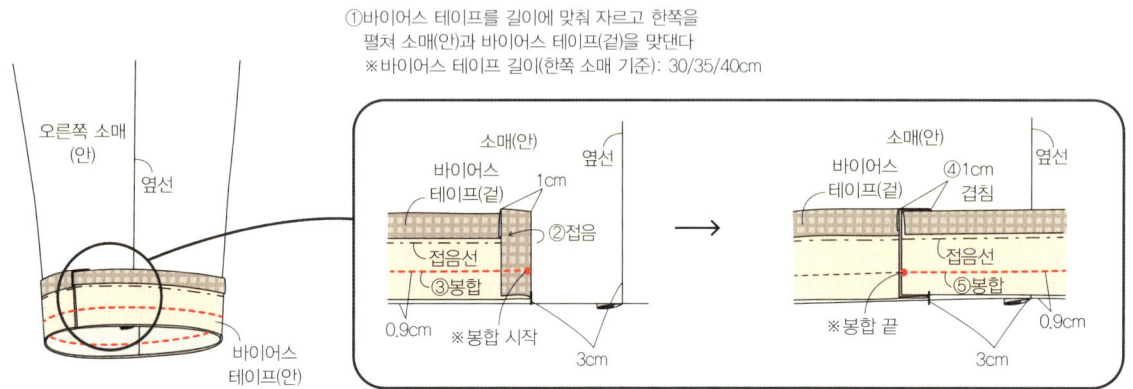

7 몸판에 T단추를 단다

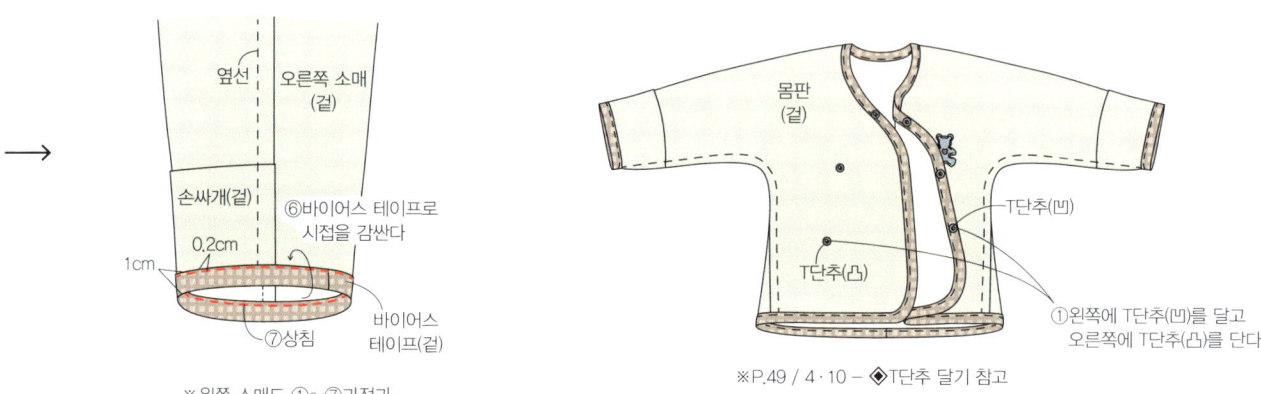

[기본 디자인]   [레이스 디자인]

02. 곰돌이 보닛 photo … p.07

● 완성 사이즈

사이즈	50	60	70
폭	12	13	14
높이	11	12	13

● 만드는 방법
- 치수가 기재되어 있지 않은 곳은 1cm로 봉합합니다.
- 바이어스 테이프의 길이는 필요한 길이보다 여유 있게 기재되어 있습니다.
  다는 곳의 길이에 맞춰 여분을 잘라서 사용해주세요.

● 재료
- 겉·안감 … 150cm폭 x 45cm
- 약 1cm(완성폭) 바이어스 테이프 … 1팩

● 패턴에 대해서
- 패턴 면수 … A면의 [02] 패턴을 사용합니다.
- 사용 패턴 … 겉모자1, 겉모자2, 앞귀감, 안모자1, 안모자2, 뒷귀감

● 재단 배치도
- 지정 이외의 시접은 1cm.

1 모자1·2를 연결한다

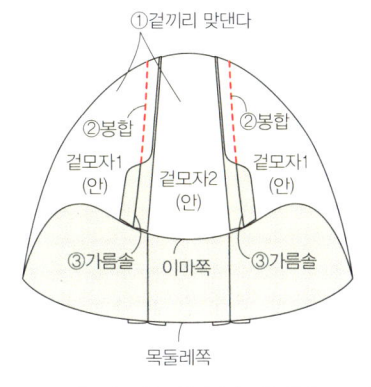

※안모자도 ①~③과정과 같은 방법으로 만든다

2 귀감을 만들어 모자에 단다

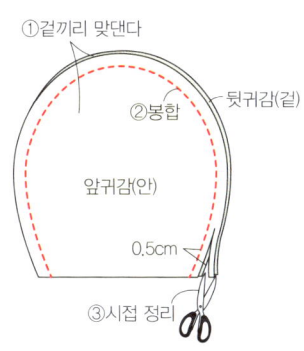

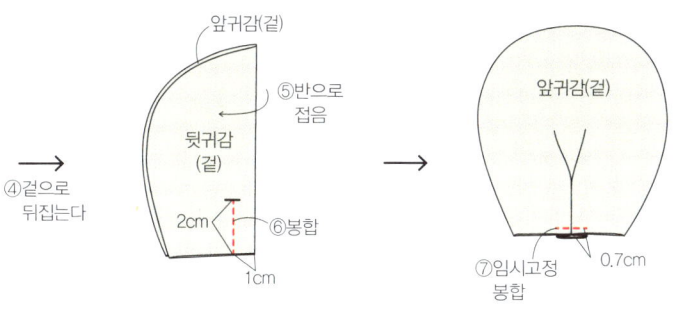

※P.47 / 4·3 턱 표시와 잡는 방법 참고
※귀감을 총 2개 만든다

● 만드는 순서

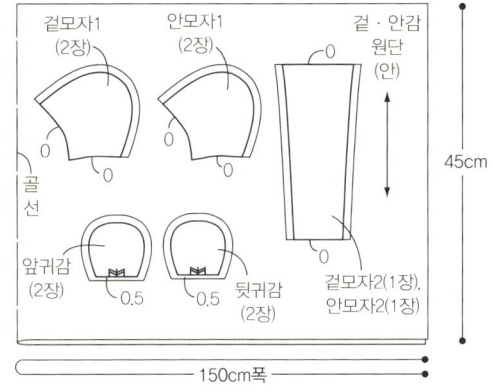

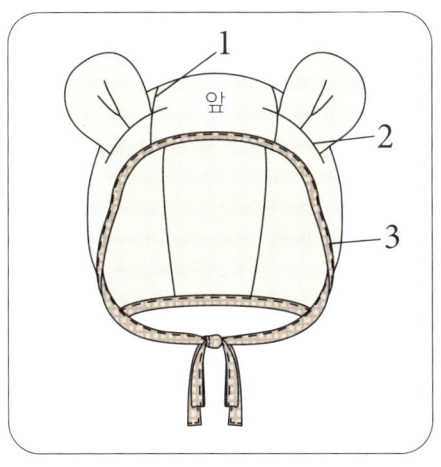

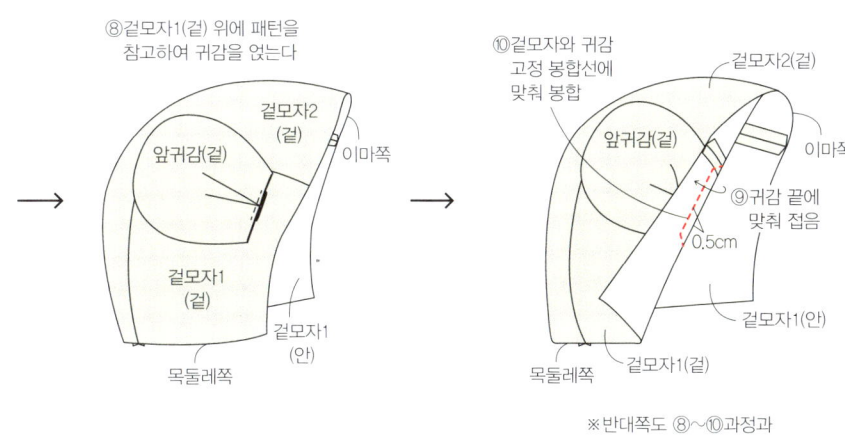

※반대쪽도 ⑧~⑩과정과 같은 방법으로 만든다

3 겉·안모자를 연결한다

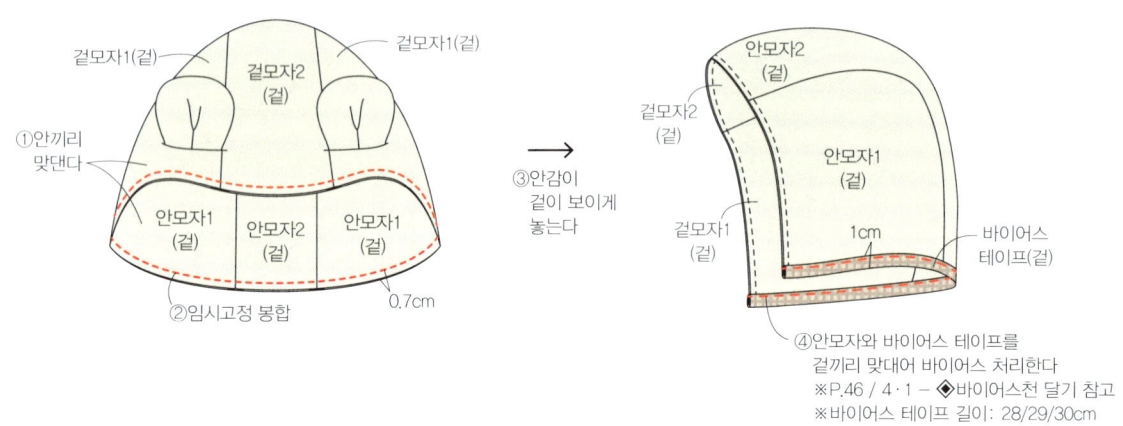

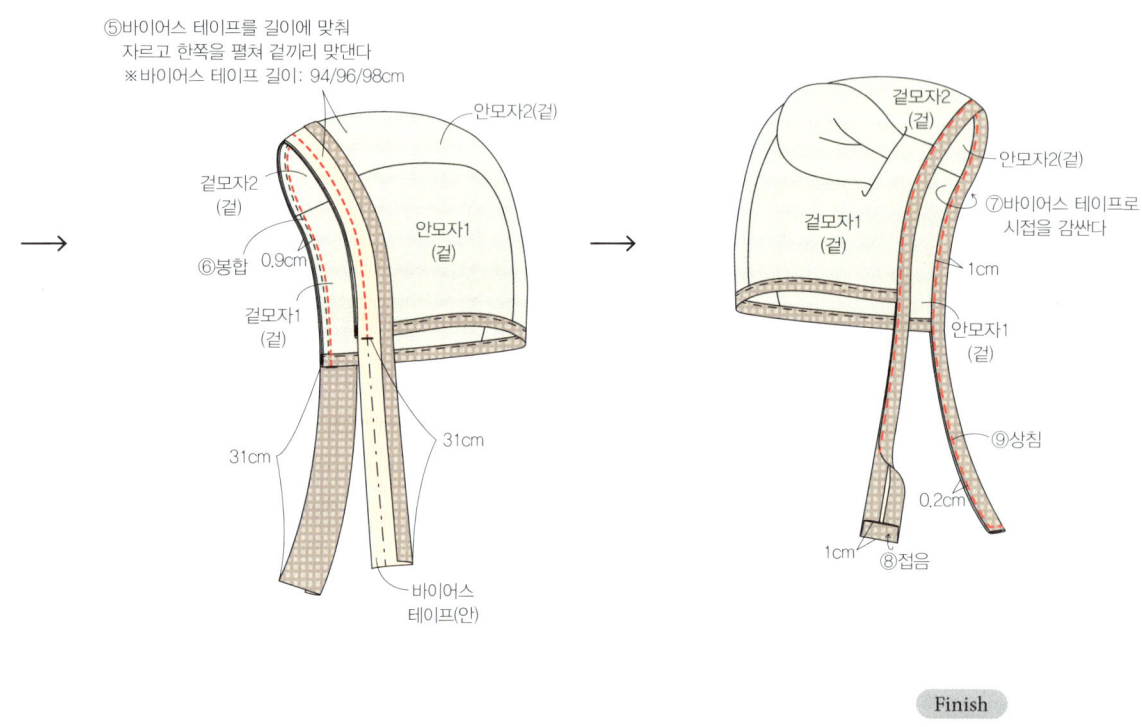

Finish

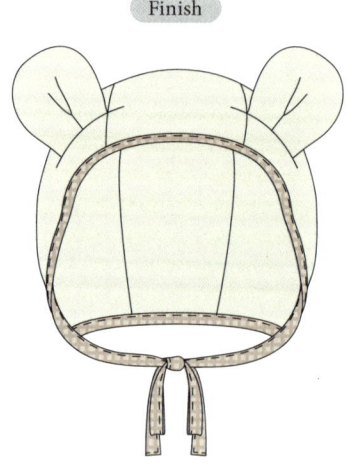

03. 베이직 바디슈트　photo … p.08

●완성 사이즈

사이즈	50	60	70
가슴둘레	45	49	53.5
옷길이	42.5	46	49
소매길이	22	25.5	29

●재료

- 겉감 … 96cm폭 x 90cm
- 배색감 … 110cm폭 x 20cm
- 소잉심지 … 40cm폭 x 20cm
- (목둘레용)약 1cm폭(완성폭) 바이어스 테이프 … 1팩
- (밑단용)약 1cm폭(완성폭) 다이마루 바이어스 테이프 … 1팩
- 1.15cm폭 T단추 … 5쌍

●패턴에 대해서

- 패턴 면수 … D면의 [03] 패턴을 사용합니다.
- 사용 패턴 … 앞몸판, 뒷몸판, 소매, 단츗단

●재단 배치도

- 지정 이외의 시접은 1cm.
- 부분에 소잉심지를 붙인다

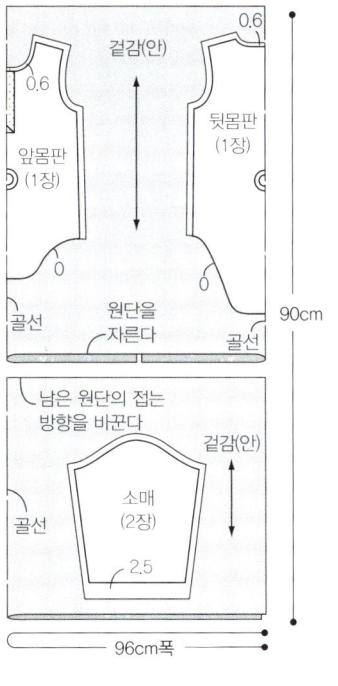

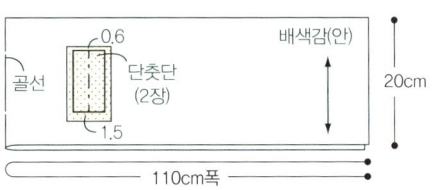

●만드는 순서

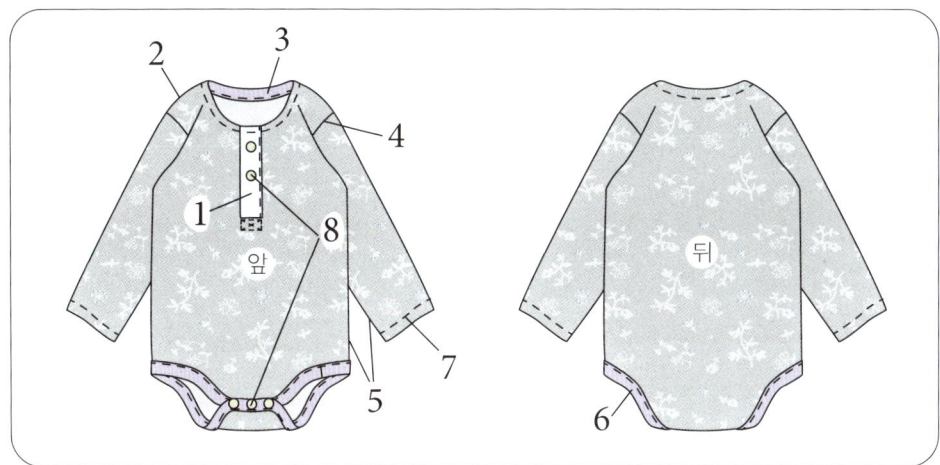

●만드는 방법

- 치수가 기재되어 있지 않은 곳은 1cm로 봉합합니다.
- 바이어스 테이프의 길이는 필요한 길이보다 여유 있게 기재되어 있습니다.
  다는 곳의 길이에 맞춰 여분을 잘라서 사용해주세요.

1 앞몸판에 단츗단을 단다

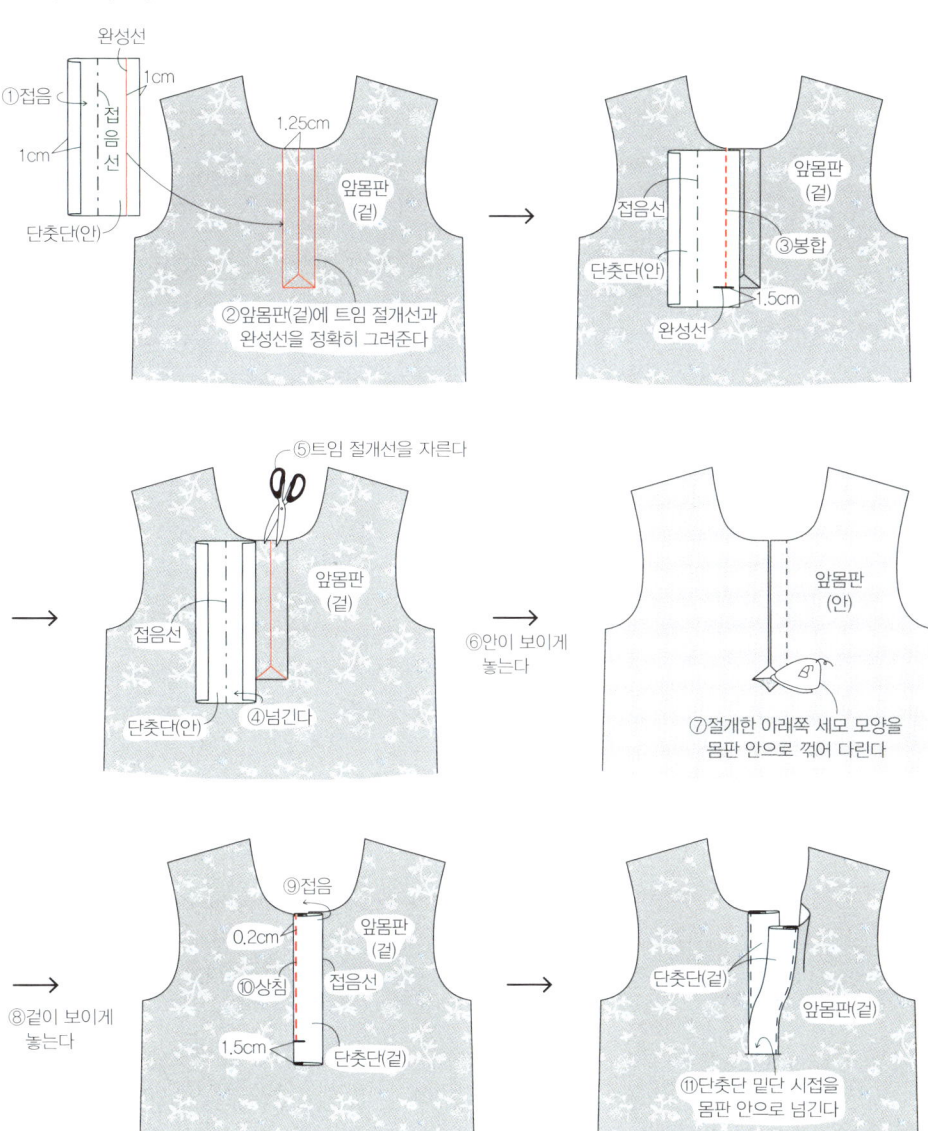

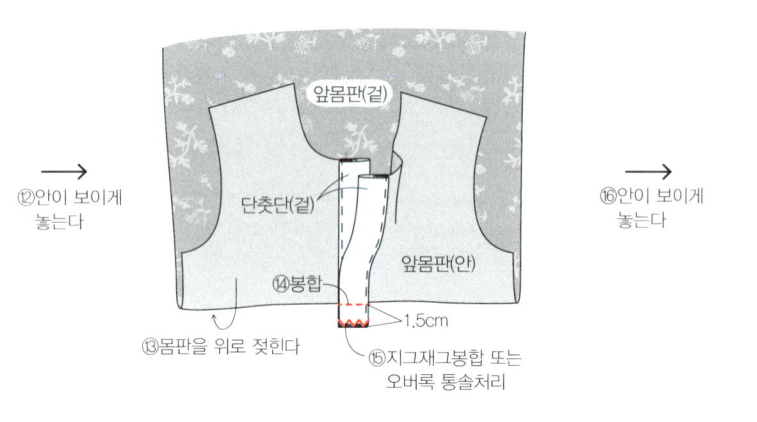
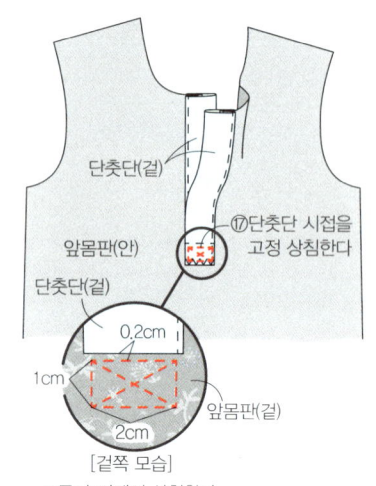

2 몸판의 어깨를 봉합한다

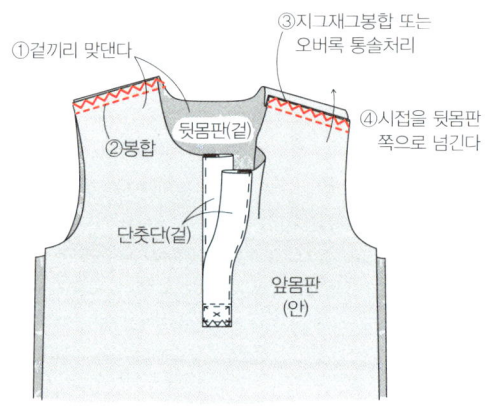

3 몸판의 목둘레를 안바이어스 처리한다

①안바이어스 테이프를 만든다
※P.46 / 4·2 - ◆기성 바이어스 테이프로 안바이어스 테이프 만드는 방법 참고
※바이어스 테이프 길이: 32/34/35cm

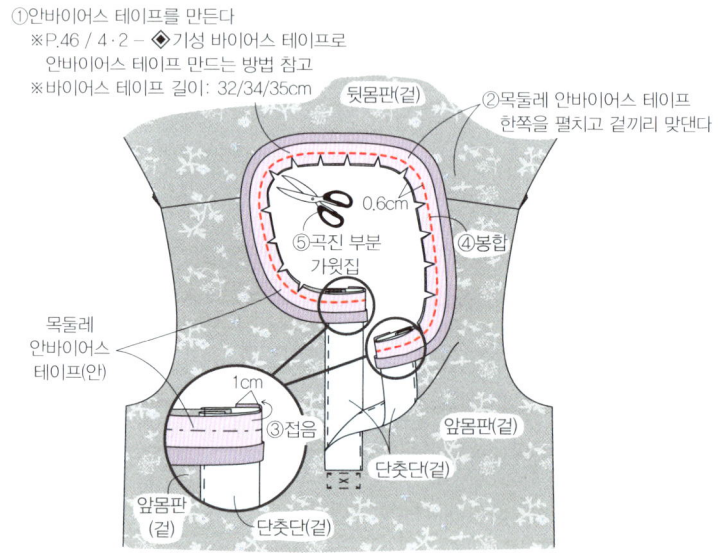

4 몸판에 소매를 단다

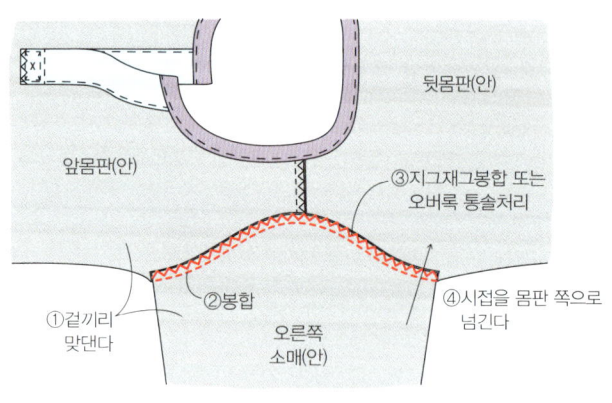

※반대쪽도 ①~④과정과 같은 방법으로 만든다

5 몸판과 소매의 옆선을 한 번에 이어서 봉합한다

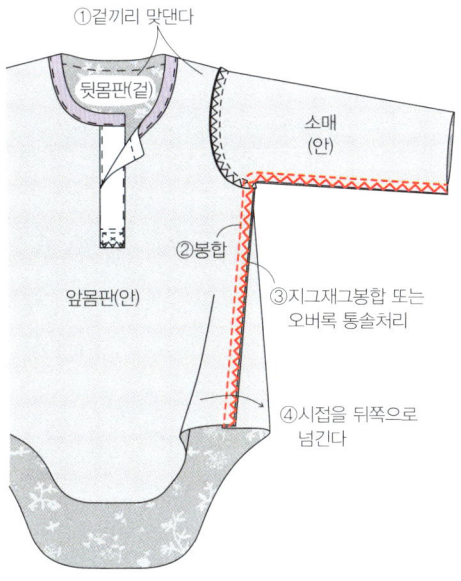

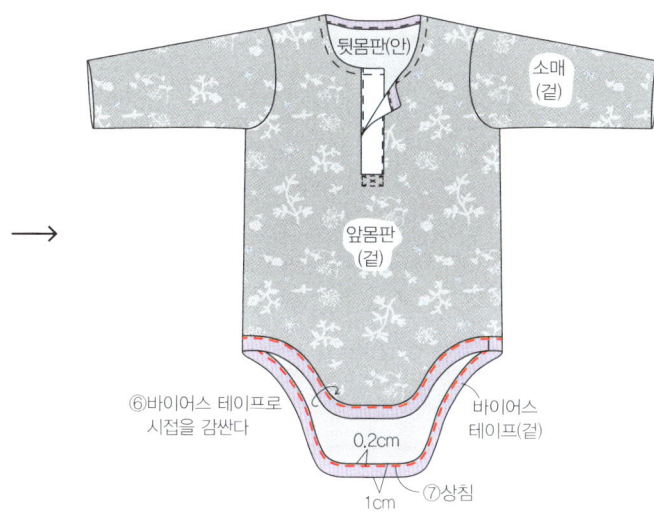

6 몸판의 밑단을 바이어스 처리한다

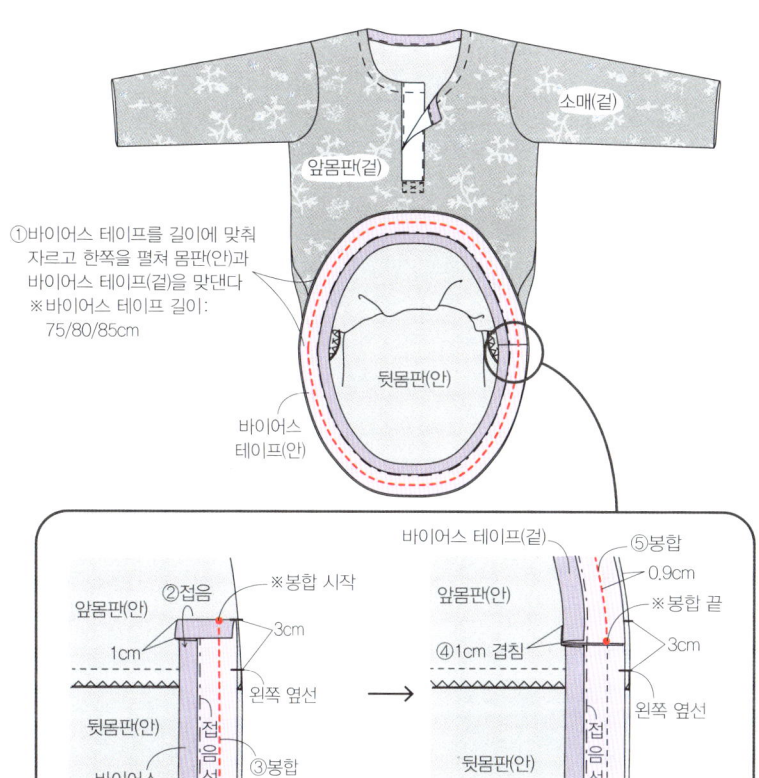

7 소매의 밑단을 정리한다

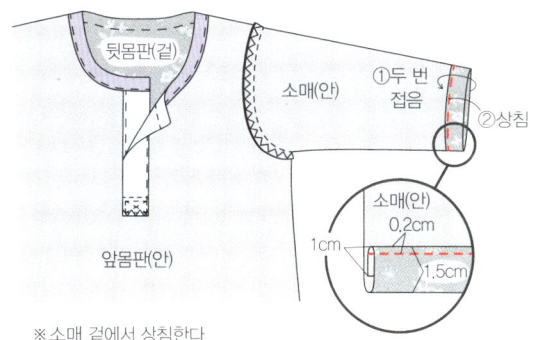

※ 소매 겉에서 상침한다
※ 왼쪽 소매도 ①~②과정과 같은 방법으로 만든다

8 단춧단과 몸판에 T단추를 단다

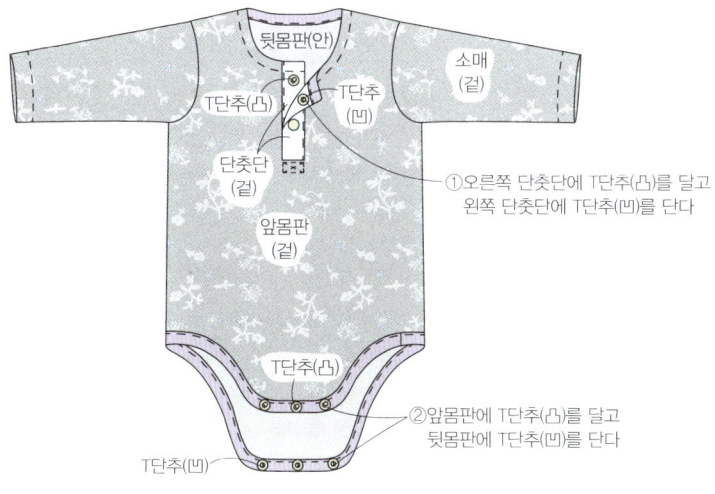

※ P.49 / 4·10 - ◆T단추 달기 참고

Finish

04. 턱받이(2종)   photo … p.09

●완성 사이즈

사이즈	50	60	70
폭	20	21	23
높이	22	24	25.5

●패턴에 대해서
- 패턴 면수 … B면의 [04] 패턴을 사용합니다.
- 사용 패턴 … 몸판, 안단

●재단 배치도
- 지정 이외의 시접은 1cm.
- ▦ 부분에 소잉심지를 붙인다
- ■ 부분에 소잉테이프 심지를 붙인다
- ∿ 표시된 부분은 지그재그봉제 또는 오버록 처리한다

[바이어스 디자인]

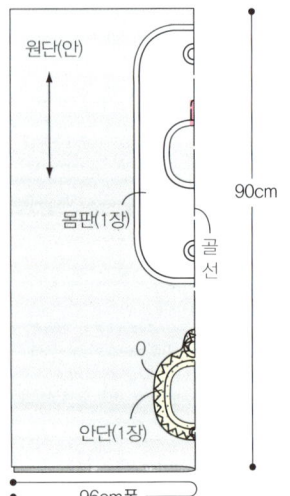

[레이스 디자인]

●재료

[바이어스 디자인]
- 겉감 … 180cm폭 x 90cm
- 소잉심지 … 30cm폭 x 30cm
- 1.2cm폭 소잉테이프 심지 … 1팩
- 와펜 … 1개
- 1cm폭 면테이프 … 1팩
- 약 1cm(완성폭) 바이어스 테이프 … 1팩
- 단춧구멍 테이프 … 1개
- 단추 … 1개

[레이스 디자인]
- 겉감 … 96cm폭 x 90cm
- 소잉심지 … 30cm폭 x 30cm
- 1.2cm폭 소잉테이프 심지 … 1팩
- 1.3cm폭 레이스 면테이프 … 1팩
- 5cm폭 주름 레이스 … 2마
- 단춧구멍 테이프 … 1개
- 단추 … 1개

●만드는 순서

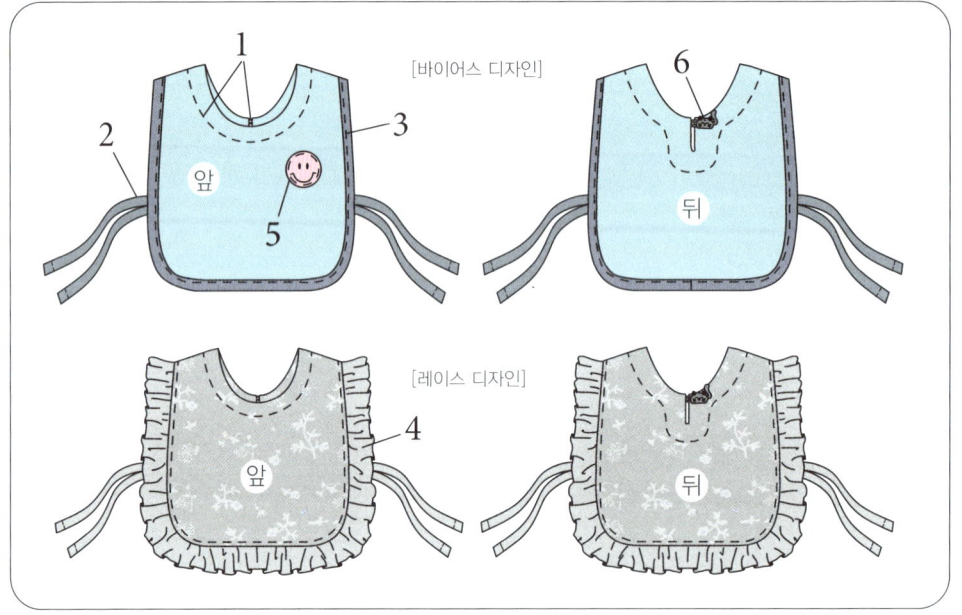

●만드는 방법
- 치수가 기재되어 있지 않은 곳은 1cm로 봉합합니다.
- 바이어스 디자인은 1~3, 5~6번 과정 순서대로 만들고, 레이스 디자인은 1~2, 4, 6번 과정 순서대로 만들어 주세요.
- 바이어스 디자인의 바이어스 테이프의 길이는 필요한 길이보다 여유 있게 기재되어 있습니다.
  다는 곳의 길이에 맞춰 여분을 잘라서 사용해주세요.

1 몸판에 안단을 달고, 트임을 정리한다

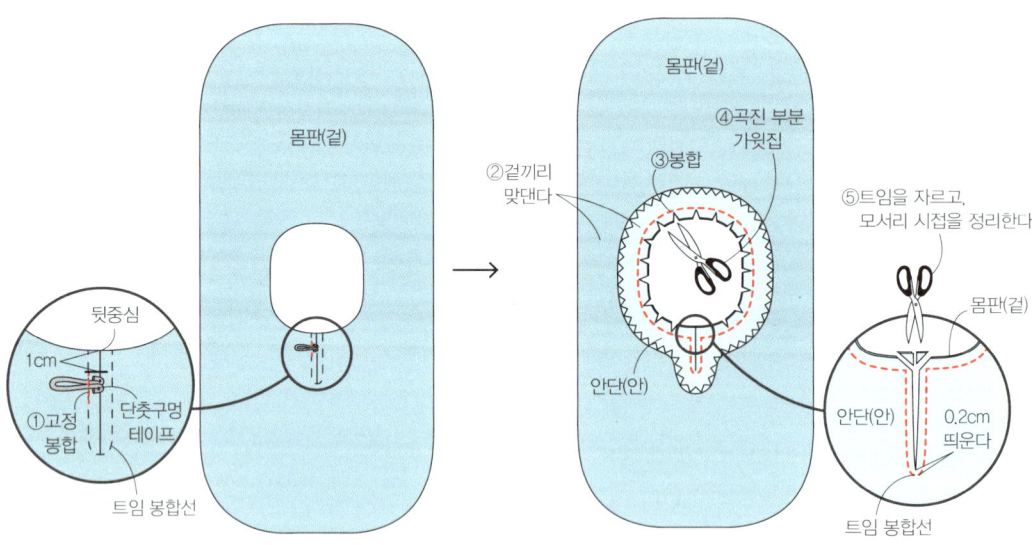

2 몸판에 면테이프를 단다

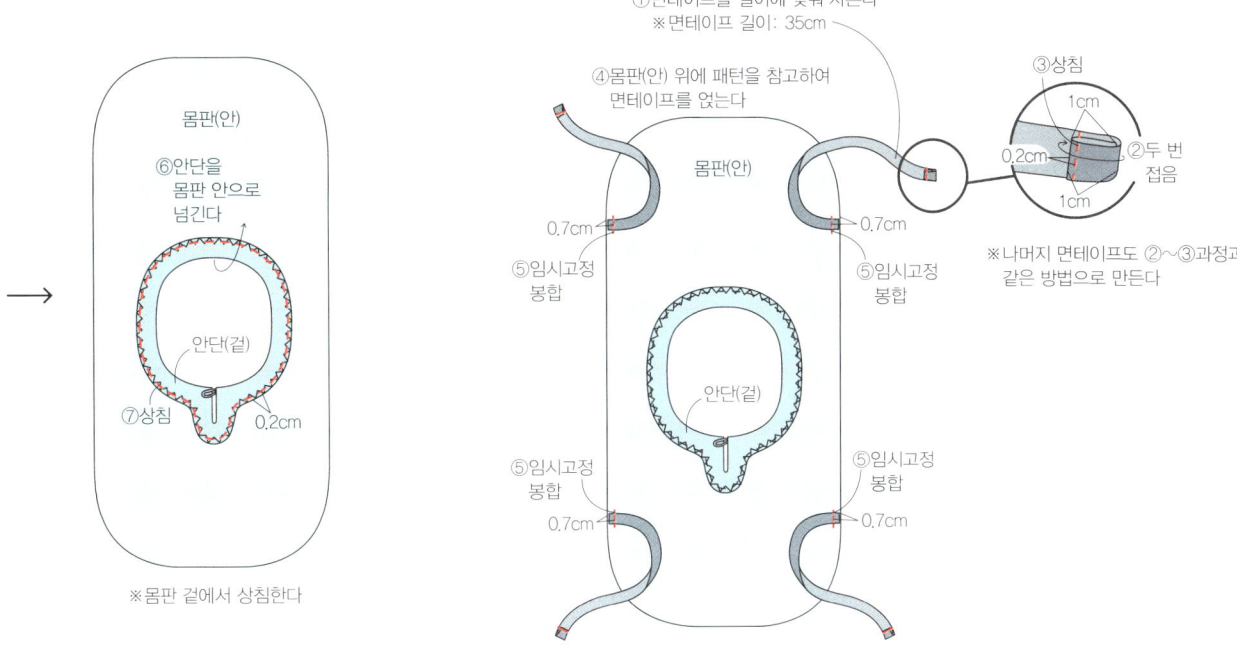

3 몸판 둘레를 바이어스 처리한다(바이어스 디자인)

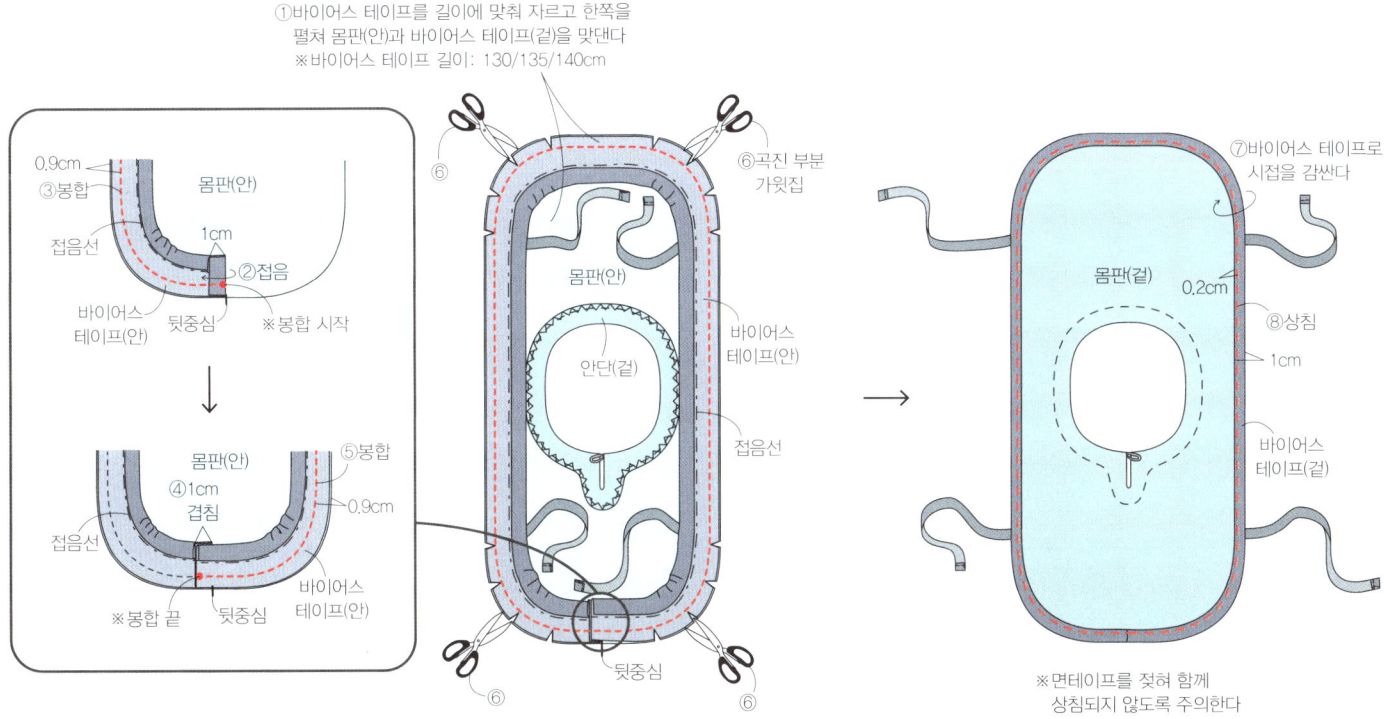

4 몸판에 레이스를 단다(레이스 디자인)

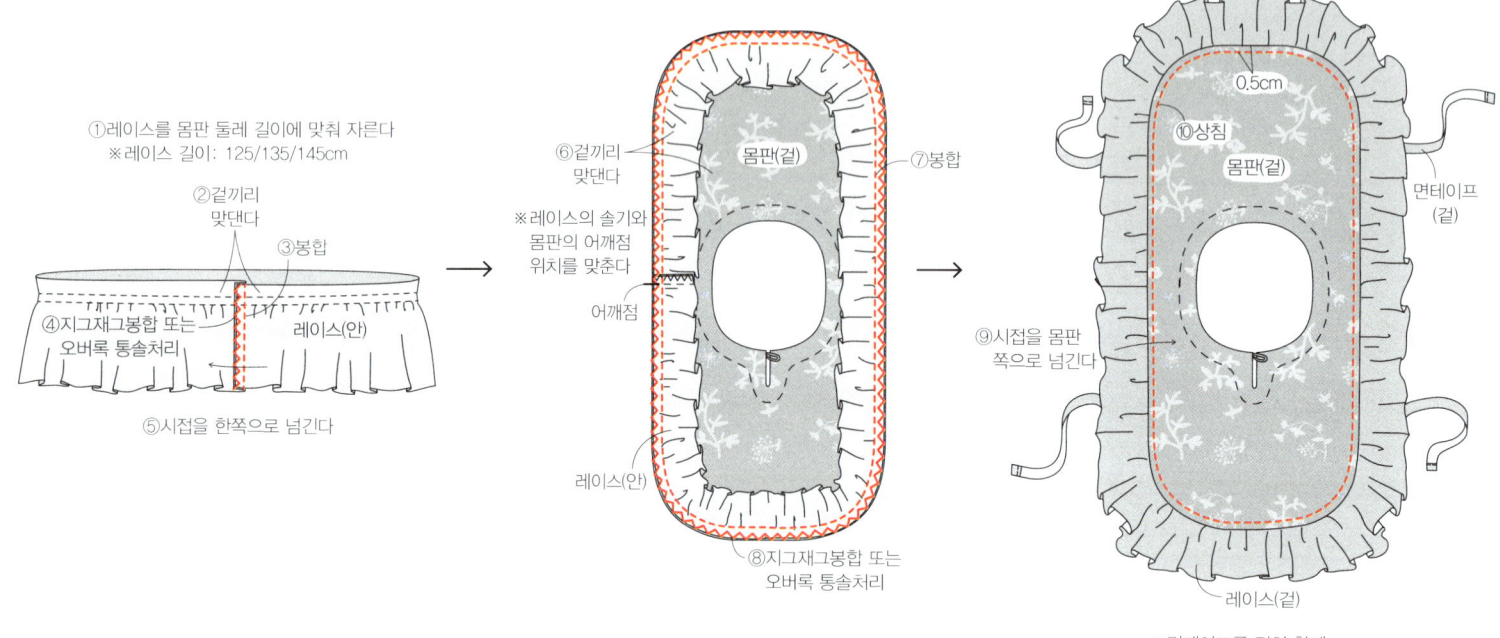

5 몸판에 와펜을 단다(바이어스 디자인)

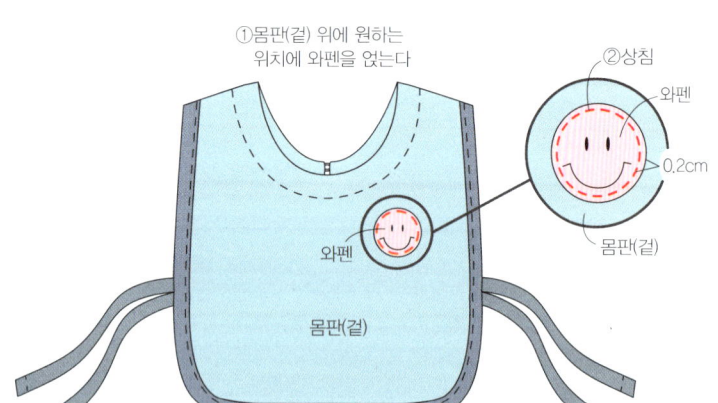

6 몸판에 단추를 단다

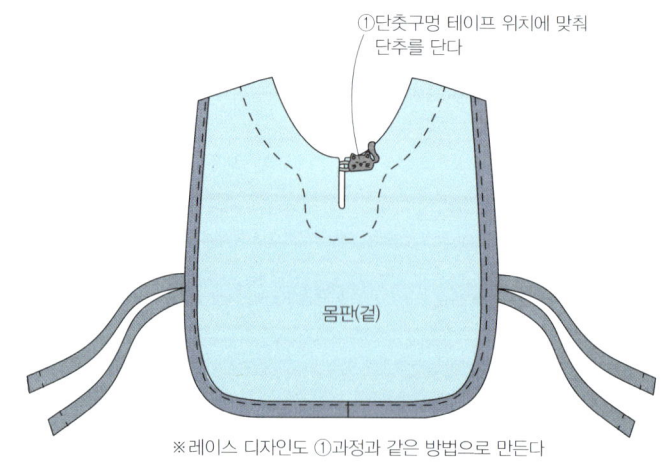

※레이스 디자인도 ①과정과 같은 방법으로 만든다

Finish
[바이어스 디자인]

Finish
[레이스 디자인]

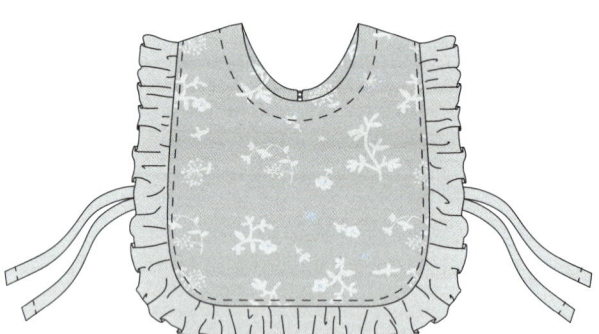

05. 둥근 칼라 원피스   photo ··· p.10

● 완성 사이즈

사이즈	50	60	70
가슴둘레	53.5	58	62.5
옷길이	31.5	36	41.5
소매길이	18.5	22	26.5

● 재료

- 겉감 ··· 140cm폭 × 90cm
- 소잉심지 ··· 40cm폭 × 45cm
- 1.4cm폭 레이스 ··· 1마
- 1cm폭 소프트 테이프 ··· 1마
- 1cm폭 고무줄 ··· 1팩
- 1.15cm폭 T단추 ··· 5쌍

● 패턴에 대해서

- 패턴 면수 ··· C면의 [05] 패턴을 사용합니다.
- 사용 패턴 ··· 앞몸판, 앞스커트, 뒷몸판, 뒷스커트, 겉칼라, 안칼라, 소매

● 재단 배치도

- 지정 이외의 시접은 1cm.
- 부분에 소잉심지를 붙인다

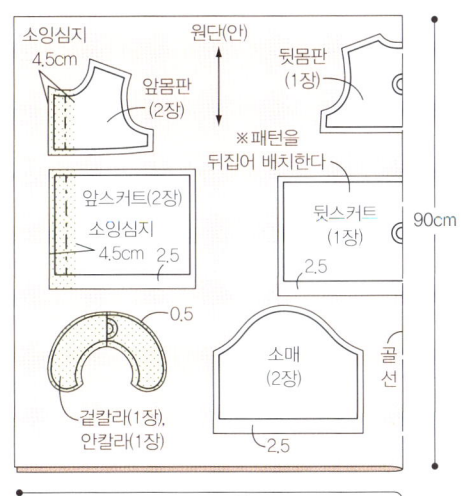

● 만드는 순서

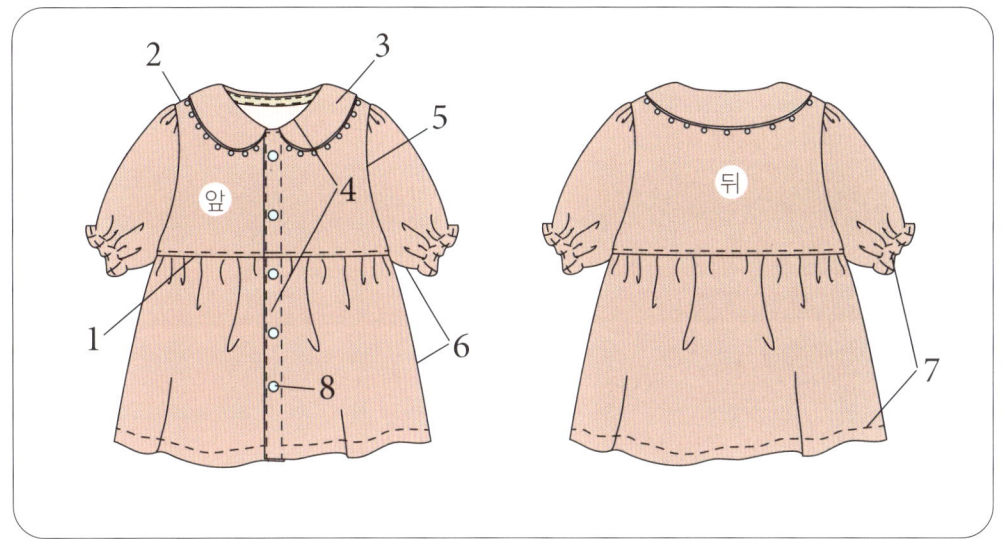

● 만드는 방법

- 치수가 기재되어 있지 않은 곳은 1cm로 봉합합니다.
- 레이스, 소프트 테이프의 길이는 필요한 길이보다 여유 있게 기재되어 있습니다.
다는 곳의 길이에 맞춰 여분을 잘라서 사용해주세요.

1 스커트를 만들어 몸판에 단다

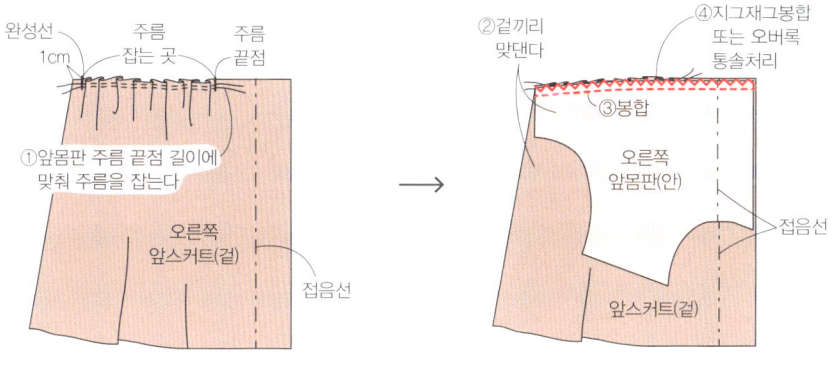

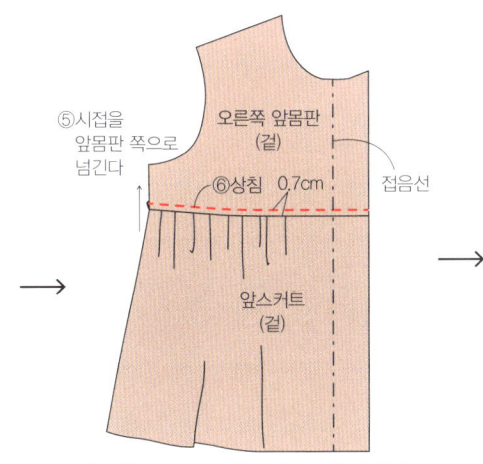

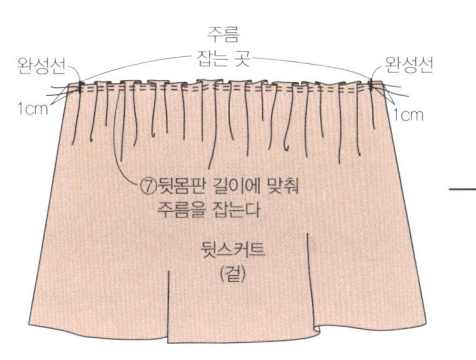

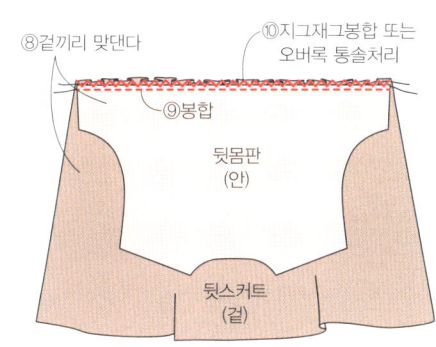

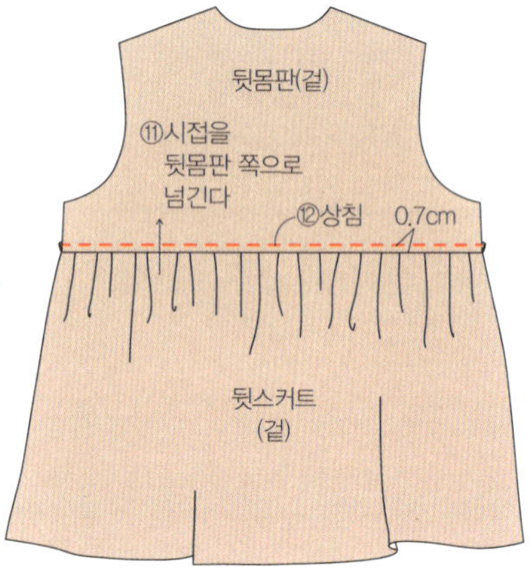

2 몸판의 어깨를 봉합한다 (P.58 / 2-①~④ 참고)

3 칼라를 만든다

4 몸판에 칼라를 달고 앞끝을 정리한다

※몸판 겉에서 상침한다

※몸판 겉에서 상침한다

※반대쪽도 ⑧~⑨과정과 같은 방법으로 만든다

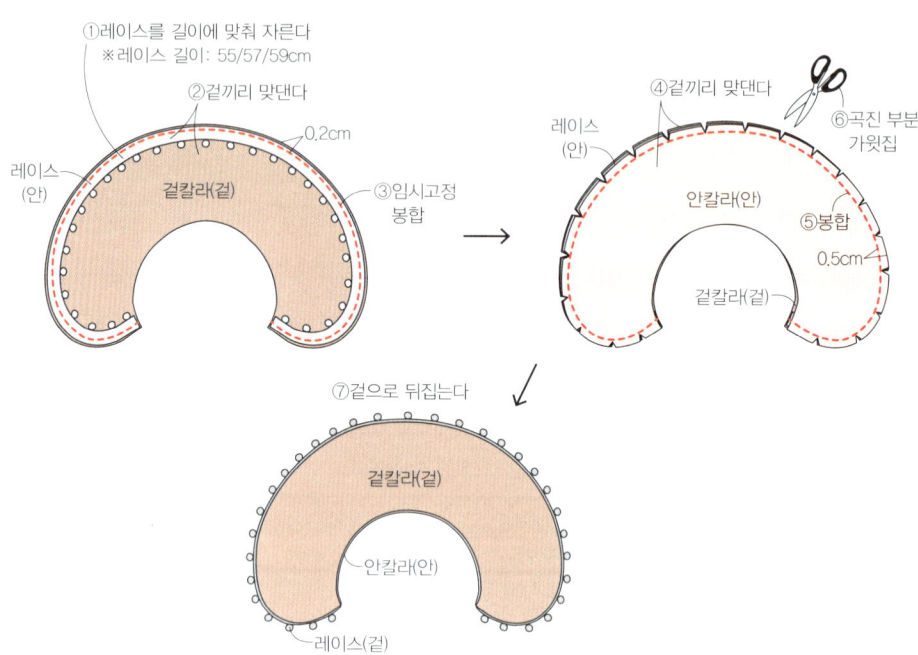

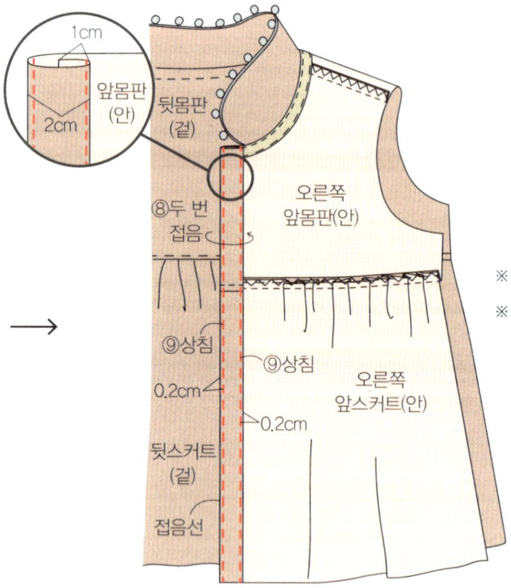

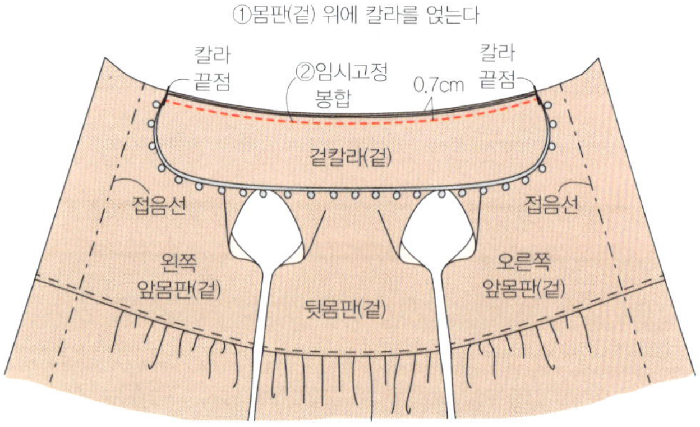

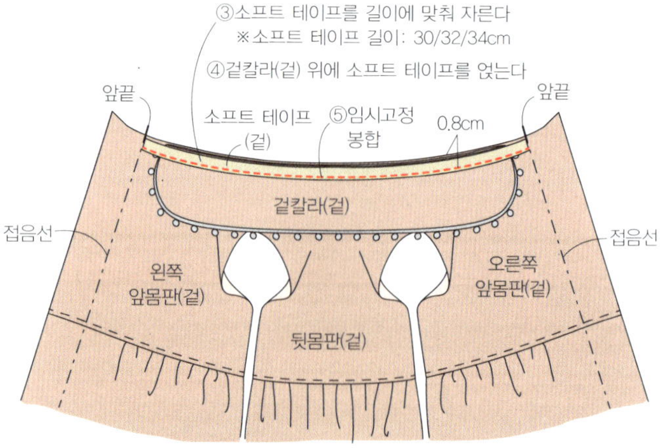

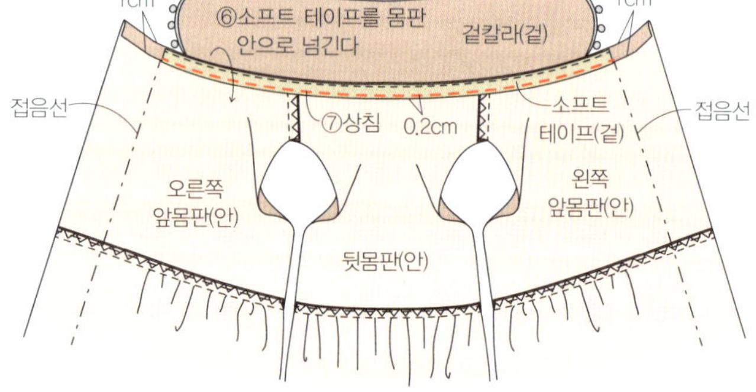

5 소매를 만들어 몸판에 단다

※고무줄을 늘려가며 상침한다

※P.47 / 4·4 주름 잡는 방법 참고

※봉합 후, 주름 잡기용 실은 제거한다
※반대쪽도 ①~⑨과정과 같은 방법으로 만든다

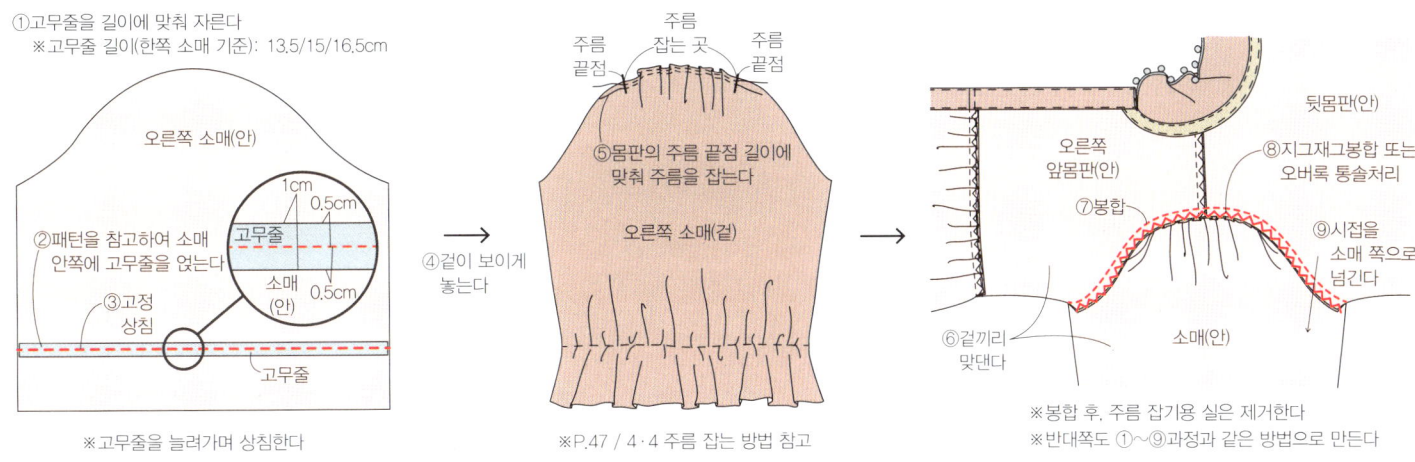

6 몸판과 소매의 옆선을 한 번에 이어서 봉합한다 (P.59 / 5-①~④ 참고)

7 몸판과 소매의 밑단을 정리한다

※스커트 겉에서 상침한다

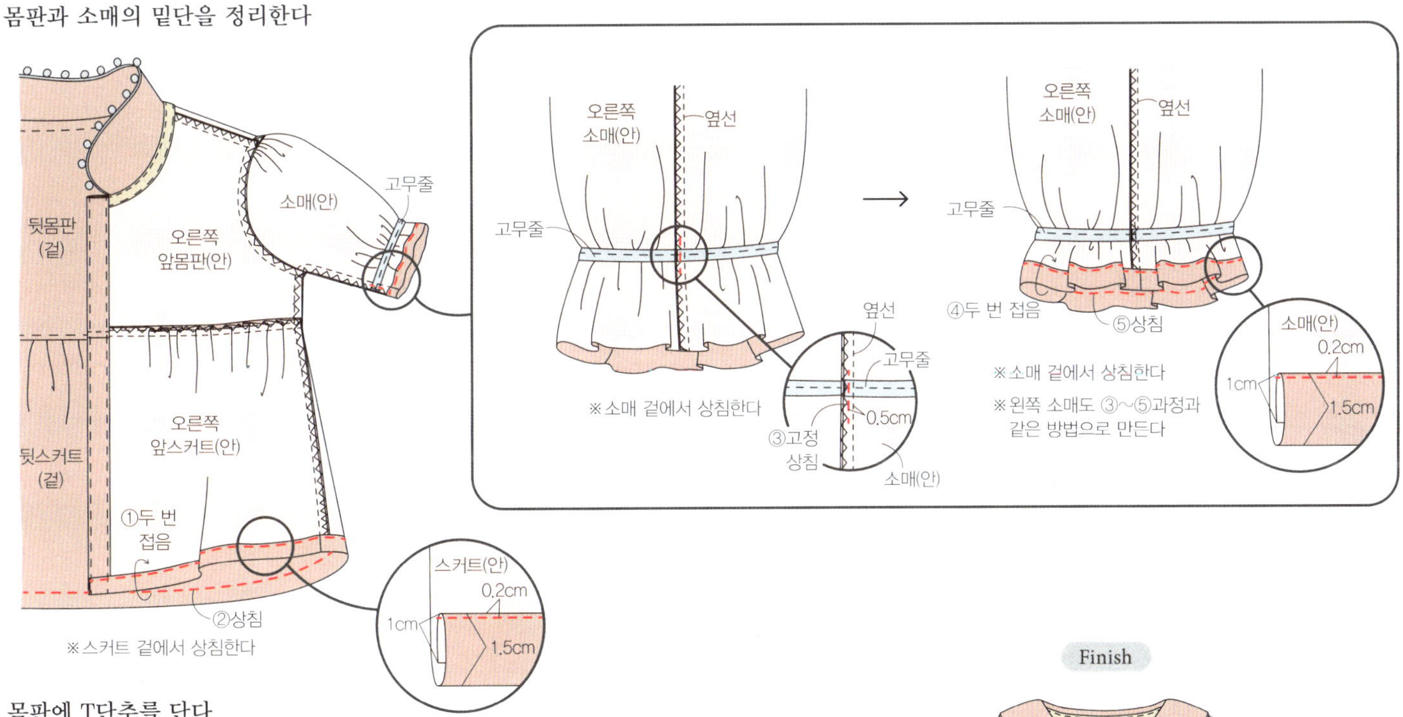

8 몸판에 T단추를 단다

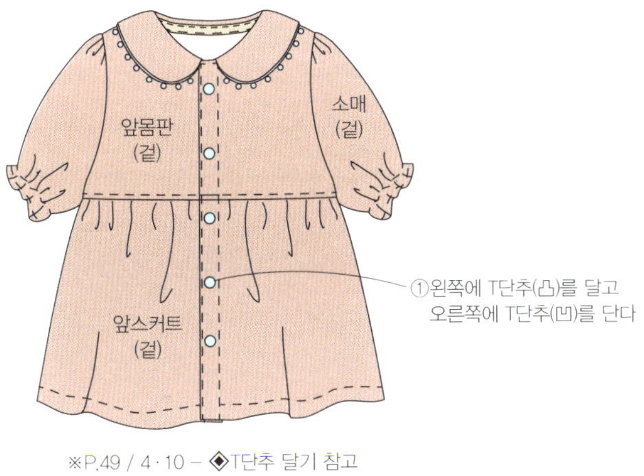

※P.49 / 4·10 – ◈T단추 달기 참고

Finish

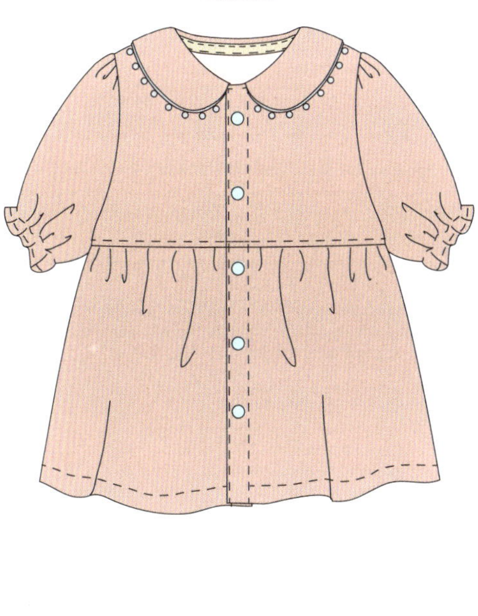

06. 레깅스(2종)   photo ··· p.11

●완성 사이즈

사이즈	50	60	70
옷길이	39	43.5	47.5
엉덩이둘레	48	52	56

●재료
· (무지)겉감 ··· 90cm폭(환형) x 90cm
· (꽃무늬)겉감 ··· 150cm폭 x 90cm
· (공통)1.5cm폭 고무줄 ··· 1팩

●패턴에 대해서(공통)
· 패턴 면수 ··· C면의 [06] 패턴을 사용합니다.
· 사용 패턴 ··· 팬츠

●재단 배치도
· 지정 이외의 시접은 1cm.

[무지 디자인]

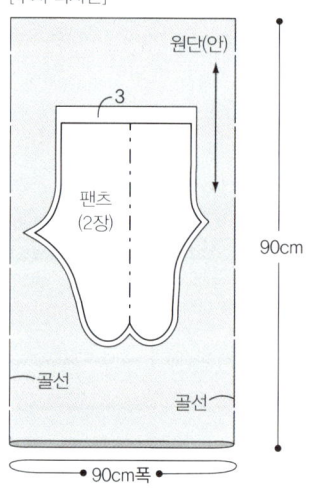

[꽃무늬 디자인]

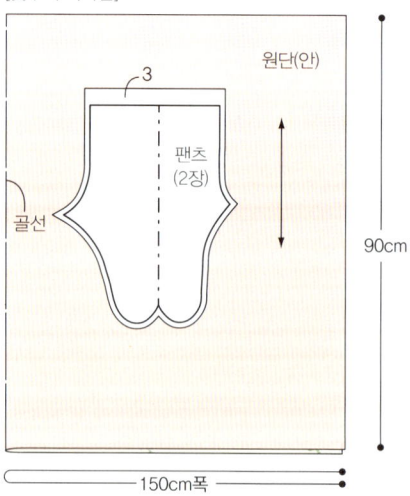

●만드는 순서

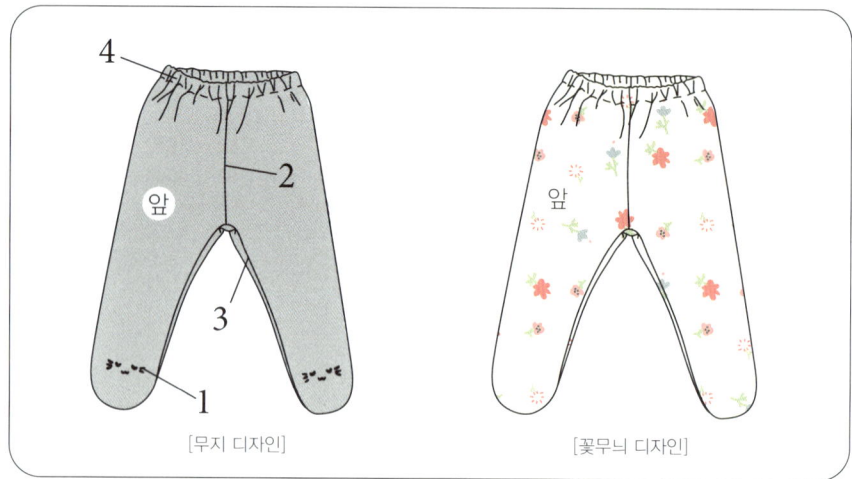

●만드는 방법
· 치수가 기재되어 있지 않은 곳은 1cm로 봉합합니다.
· 무지 디자인은 1~4번 과정 순서대로 만들고, 꽃무늬 디자인은 2~4번 과정 순서대로 만들어 주세요.

1 팬츠에 자수를 놓는다(무지 디자인)

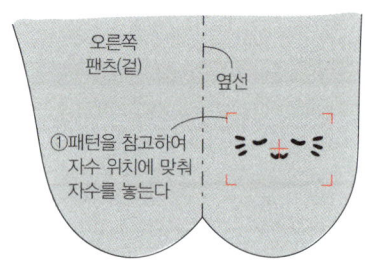

※ 왼쪽 팬츠도 ①과정과 같은 방법으로 만든다

2 팬츠의 밑위둘레를 봉합한다

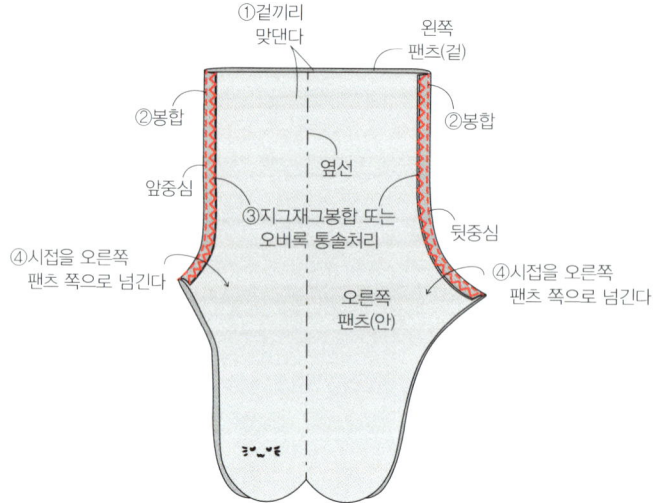

06. 레깅스(2종)

3 팬츠의 밑아래둘레를 봉합한다

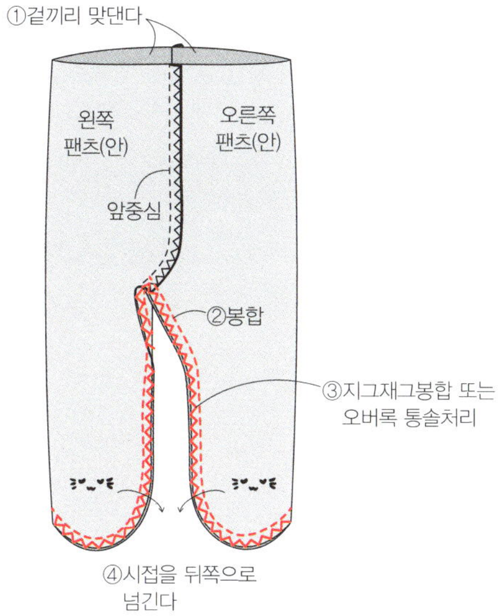

① 겉끼리 맞댄다
왼쪽 팬츠(안)
오른쪽 팬츠(안)
앞중심
② 봉합
③ 지그재그봉합 또는 오버록 통솔처리
④ 시접을 뒤쪽으로 넘긴다

4 몸판의 허리둘레를 정리한다

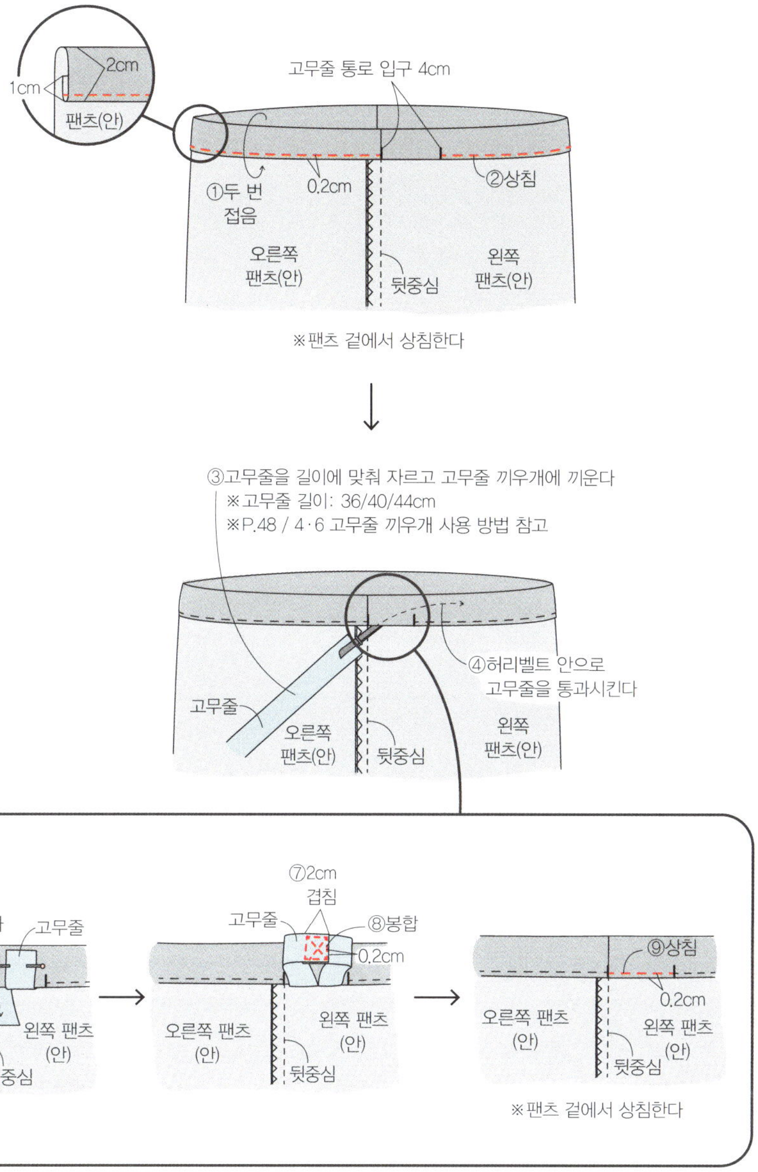

2cm
1cm
팬츠(안)
고무줄 통로 입구 4cm
① 두 번 접음
0.2cm
② 상침
오른쪽 팬츠(안)
뒷중심
왼쪽 팬츠(안)

※ 팬츠 겉에서 상침한다

③ 고무줄을 길이에 맞춰 자르고 고무줄 끼우개에 끼운다
※ 고무줄 길이: 36/40/44cm
※ P.48 / 4·6 고무줄 끼우개 사용 방법 참고

④ 허리벨트 안으로 고무줄을 통과시킨다

고무줄
오른쪽 팬츠(안)
뒷중심
왼쪽 팬츠(안)

⑤ 고무줄 끝을 핀으로 고정한다
고무줄
오른쪽 팬츠(안)
뒷중심
왼쪽 팬츠(안)

→

⑥ 반대쪽에서 고무줄을 빼낸다
고무줄
오른쪽 팬츠(안)
뒷중심
왼쪽 팬츠(안)

→

⑦ 2cm 겹침
고무줄
⑧ 봉합
0.2cm
오른쪽 팬츠(안)
뒷중심
왼쪽 팬츠(안)

→

⑨ 상침
0.2cm
오른쪽 팬츠(안)
뒷중심
왼쪽 팬츠(안)

※ 팬츠 겉에서 상침한다

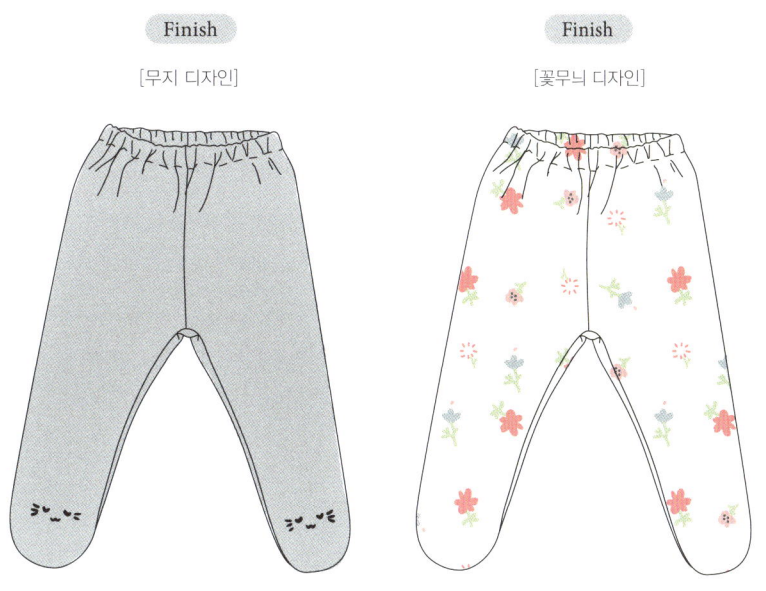

Finish
[무지 디자인]

Finish
[꽃무늬 디자인]

07. 에이프런 바디슈트 photo … p.12

●완성 사이즈

사이즈	50	60	70
가슴둘레	42.5	46.5	51.5
옷길이	39.5	43.5	47
소매길이	20	24	27

●패턴에 대해서
· 패턴 면수 … D면의 [07] 패턴을 사용합니다.
· 사용 패턴 … 앞몸판1, 왼쪽 앞몸판2, 오른쪽 앞몸판2, 뒷몸판1, 뒷몸판2, 앞안단, 뒤안단, 소매, 밑단 단춧단, 앞치마, 앞치마 허리감

●재단 배치도
· 지정 이외의 시접은 1cm.
· ⫶⫶⫶ 부분에 소잉심지를 붙인다
· ∿∿ 표시된 부분은 지그재그봉제 또는 오버록 처리한다
※왼쪽·오른쪽 앞몸판2, 뒷몸판2 밑단 시접 주는 방법 P.72 참고

●재료
· 겉감 … 110cm폭 x 135cm
· 앞치마감 … 110cm폭 x 45cm
· 소잉심지 … 110cm폭 x 45cm
· (목둘레용)1.8cm폭 레이스 … 1마
· (앞치마용)6cm폭 주름 레이스 … 1마
· 0.8cm폭 고무줄 … 1팩
· 1.15cm폭 T단추 … 5쌍
· 1.4cm폭 싸개 스냅단추 … 3쌍

●만드는 순서

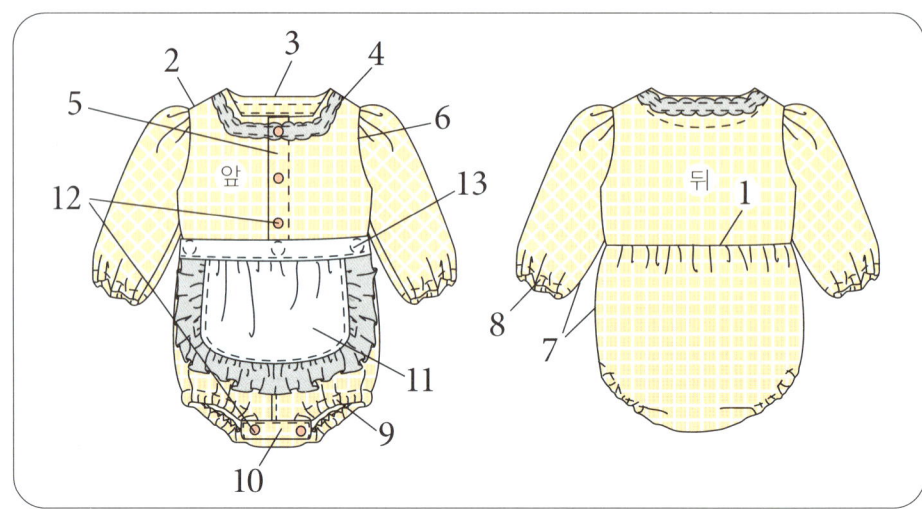

●만드는 방법
· 치수가 기재되어 있지 않은 곳은 1cm로 봉합합니다.
· 레이스의 길이는 필요한 길이보다 여유 있게 기재되어 있습니다. 다는 곳의 길이에 맞춰 여분을 잘라서 사용해주세요.

1 몸판1·2를 연결한다

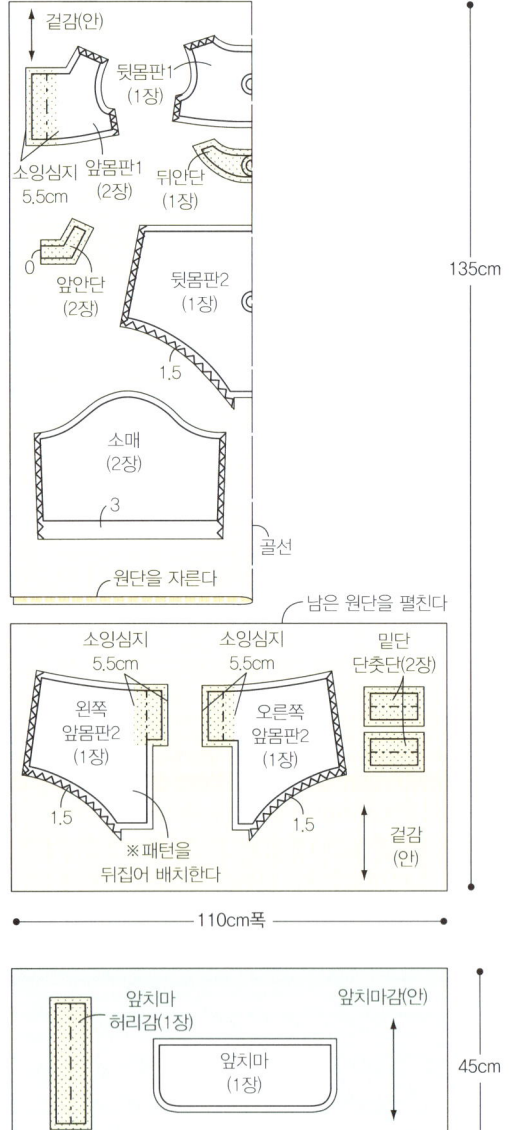

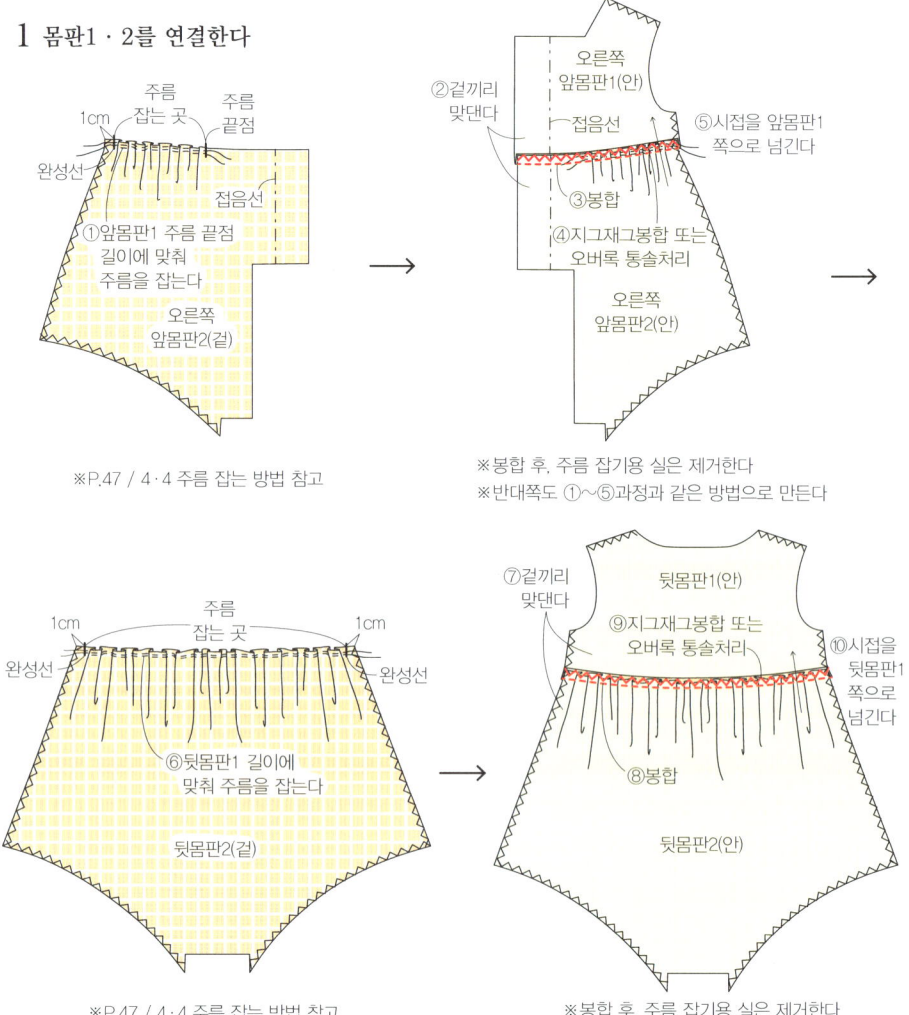

2 몸판과 안단의 어깨를 봉합한다

3 몸판에 안단을 단다

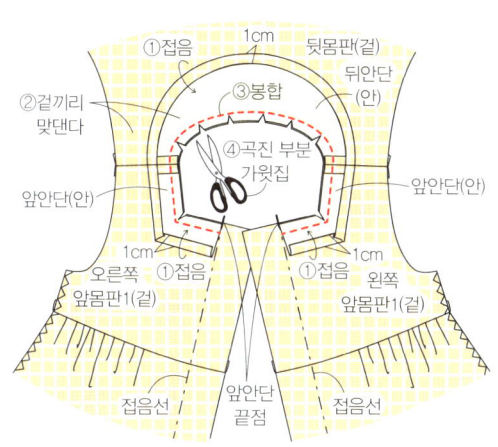

4 몸판의 목둘레에 레이스를 단다

①레이스를 길이에 맞춰 자르고 몸판(겉) 위에 얹는다
레이스 길이: 38/40/42cm

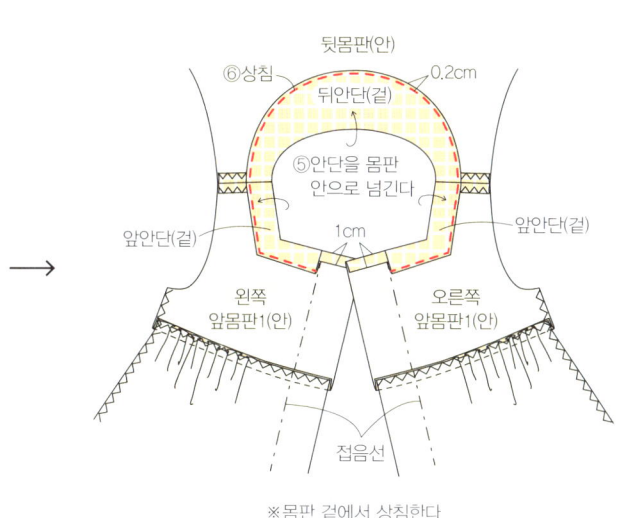

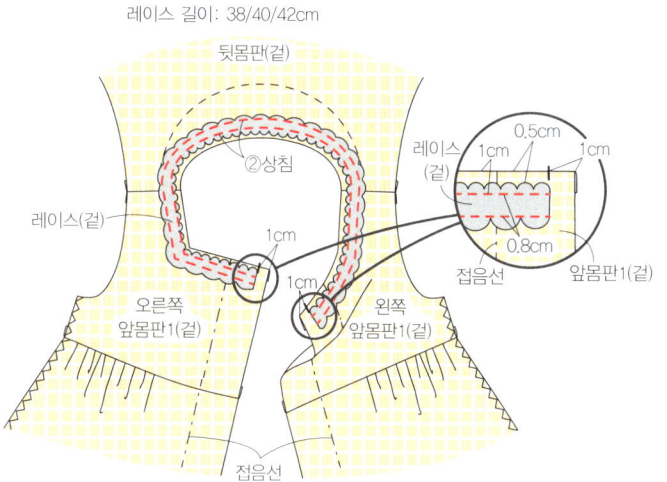

5 몸판의 단춧단을 정리한다

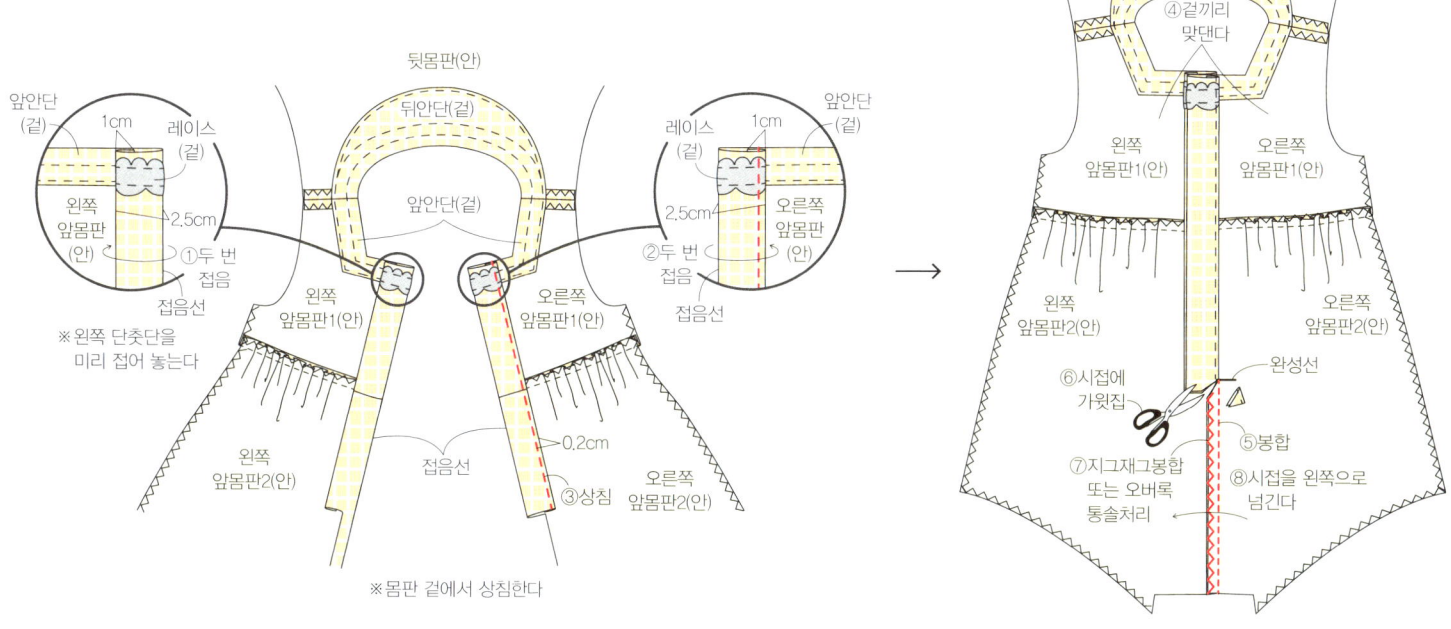

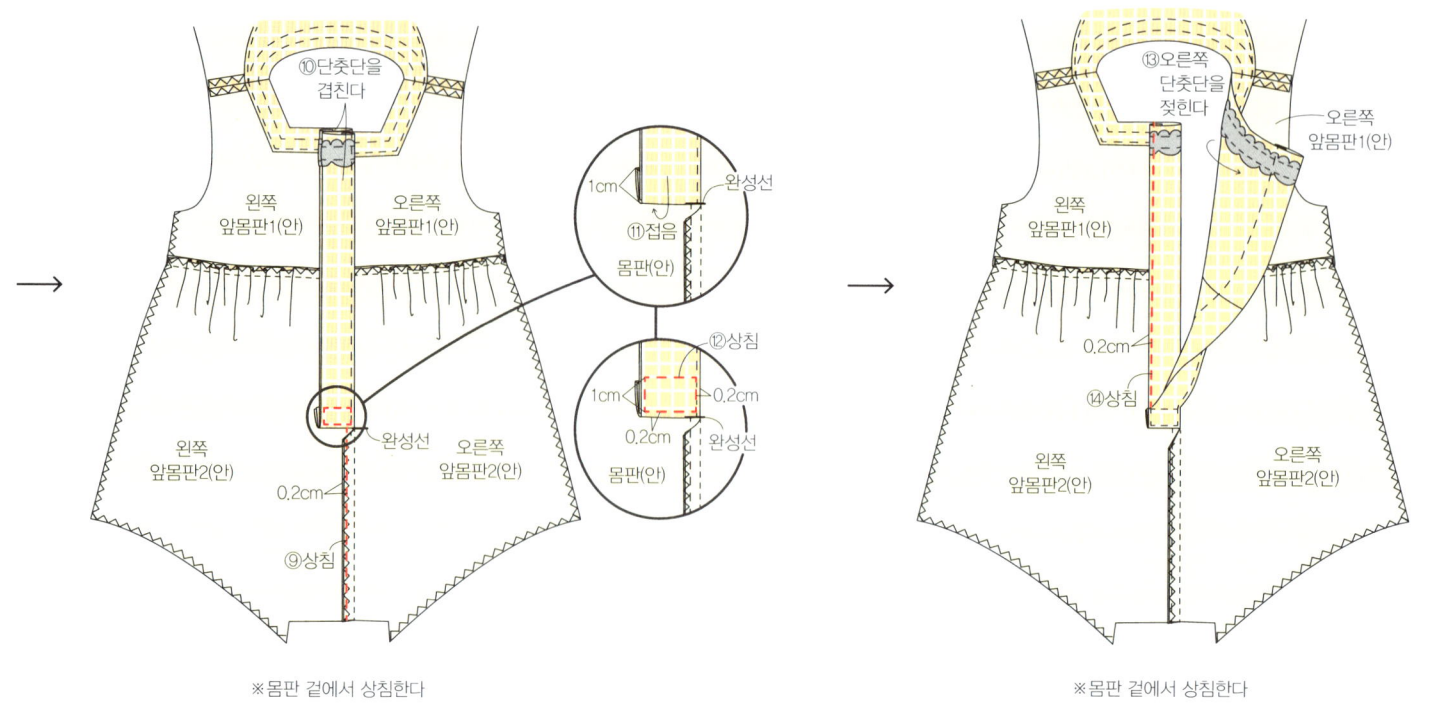

6 소매를 만들어 몸판에 단다 (P.65 / 5—⑤~⑨ 참고)

7 몸판과 소매의 옆선을 한 번에 이어서 봉합한다

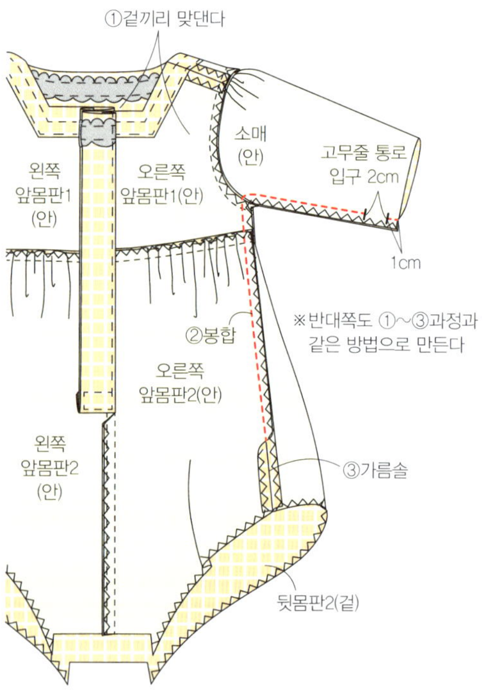

8 소매의 밑단에 고무줄을 끼운다

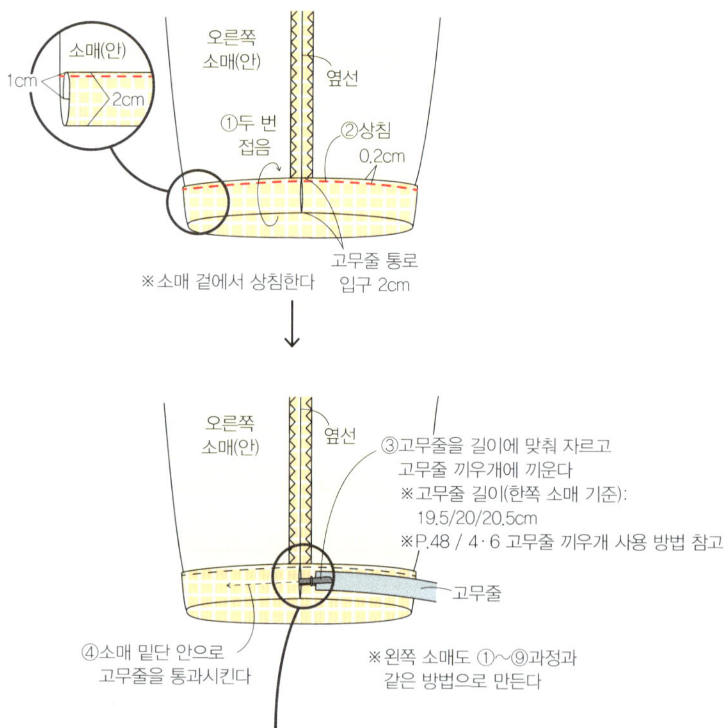

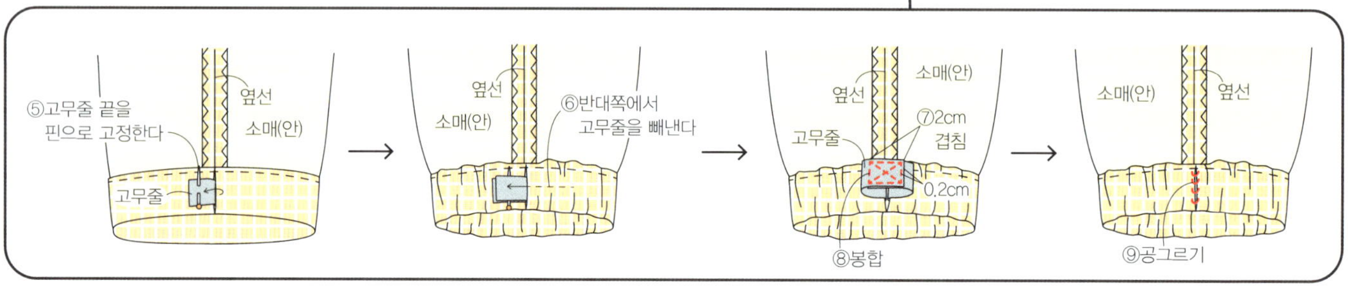

9 몸판의 허벅지 통로에 고무줄을 끼운다

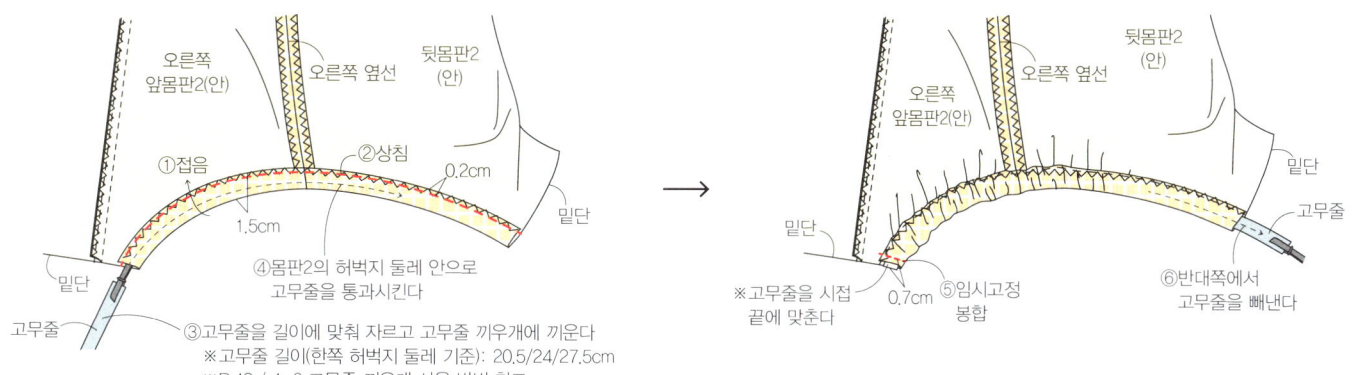

10 몸판의 밑단에 밑단 단춧단을 단다

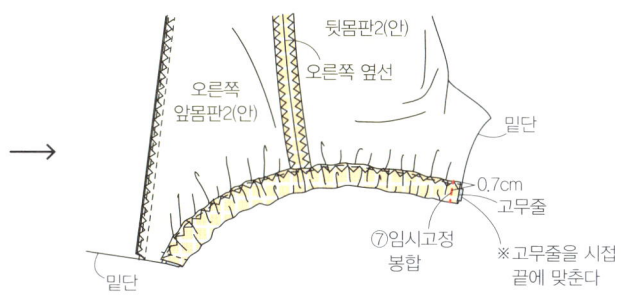

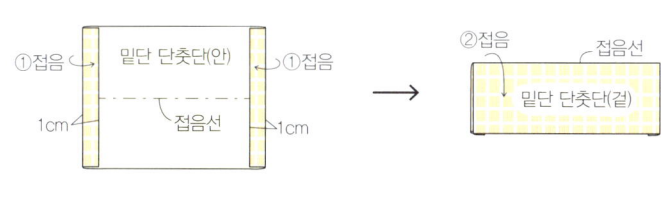

11 앞치마를 만든다

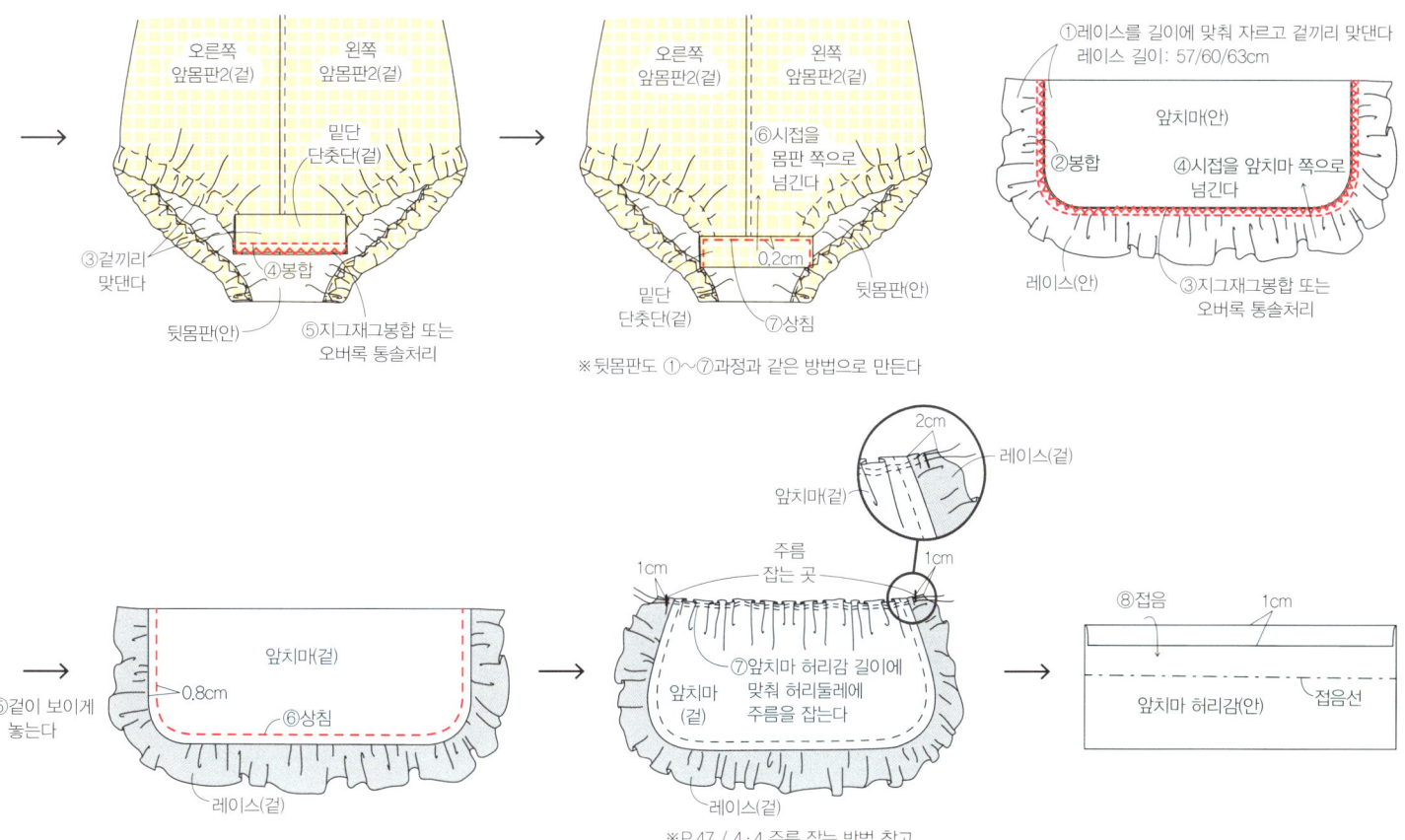

12 몸판과 밑단 단춧단에 T단추를 단다

※P.49 / 4·10 - ◆T단추 달기 참고

13 몸판과 앞치마 허리감에 스냅단추를 단다

Finish

[밑단 시접 주는 방법] ※오른쪽 앞몸판2를 기준으로 설명합니다.

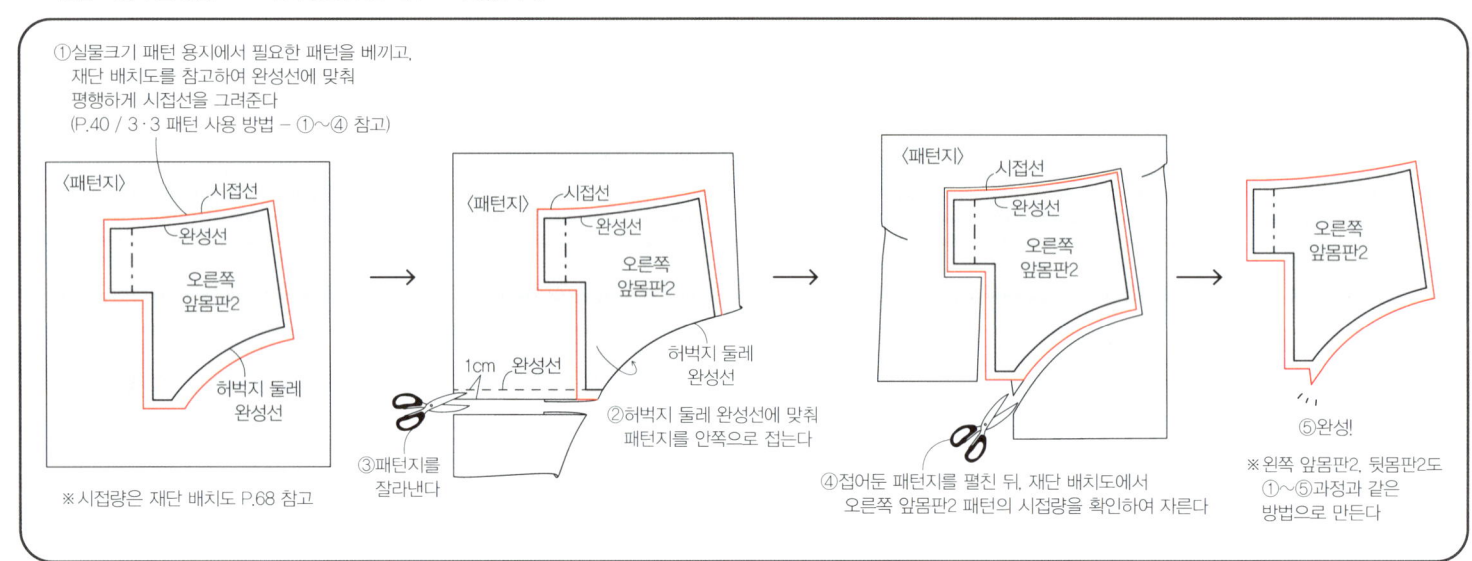

08. 레이스 보닛 photo … p.13

●완성 사이즈

사이즈	50	60	70
폭	11	11.5	12
높이	15	17	19

●재료
· 겉·안감 … 110cm폭 x 45cm
· 6cm폭 주름 레이스… 1마
· 1.8cm폭 레이스 면테이프 … 1팩

●패턴에 대해서
· 패턴 면수 … B면의 [08] 패턴을 사용합니다.
· 사용 패턴 … 겉앞모자, 겉뒷통수감, 안앞모자, 안뒷통수감

●재단 배치도
· 지정 이외의 시접은 1cm.

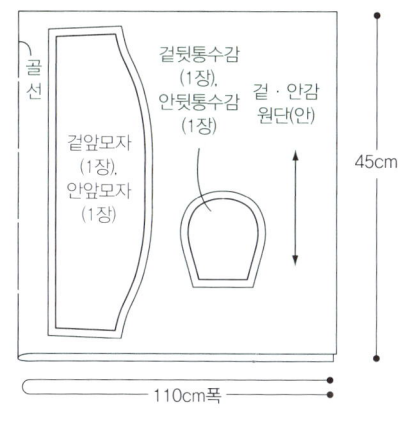

●만드는 순서

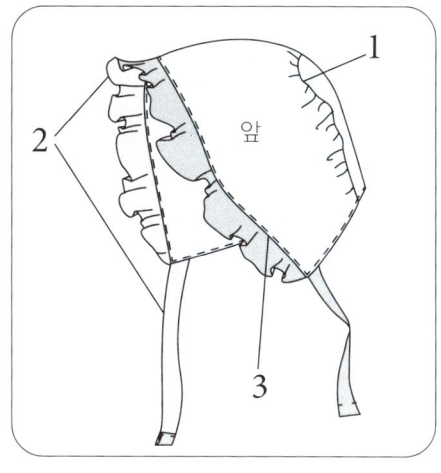

●만드는 방법
· 치수가 기재되어 있지 않은 곳은 1cm로 봉합합니다.
· 레이스의 길이는 필요한 길이보다 여유 있게 기재되어 있습니다. 다는 곳의 길이에 맞춰 여분을 잘라서 사용해주세요.

1 모자를 만든다

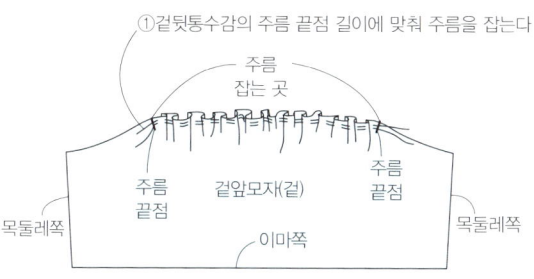

※P.47 / 4·4 주름 잡는 방법 참고

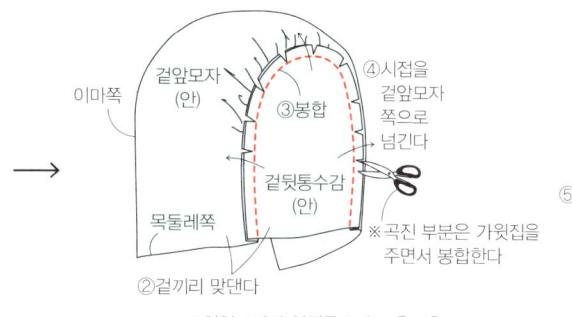

※안앞모자와 안뒷통수감도 ①~④ 과정과 같은 방법으로 만든다

2 겉모자에 면테이프와 레이스를 단다

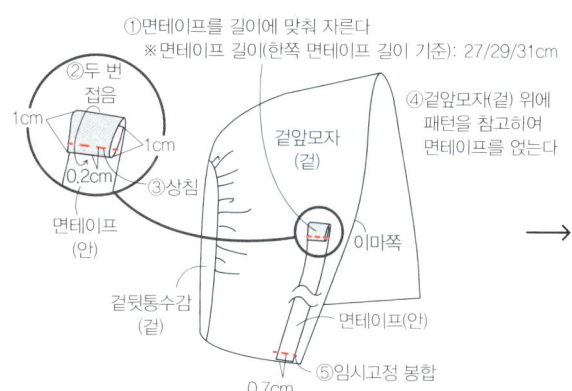

3 겉·안모자를 연결한다

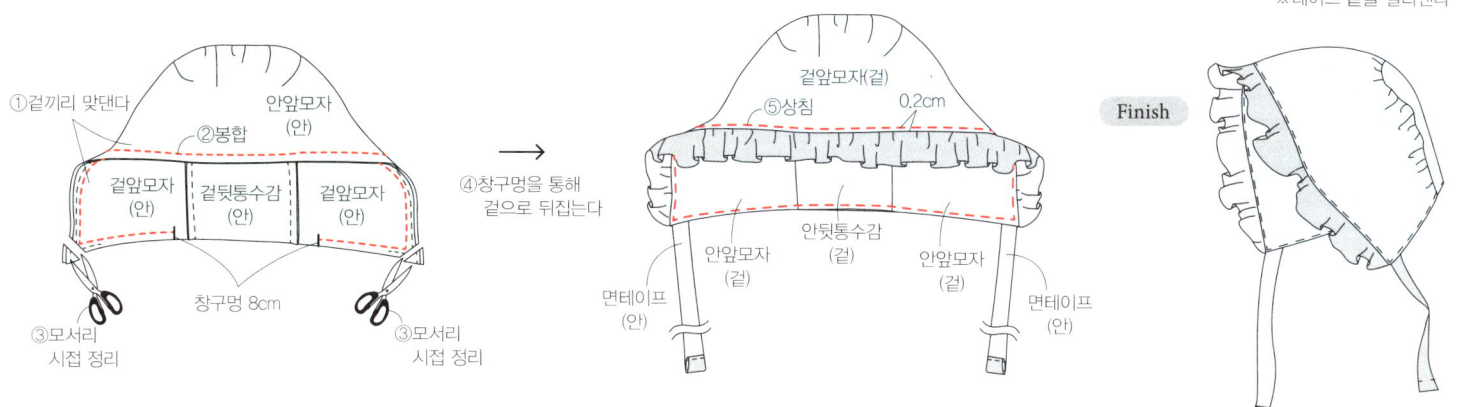

Finish

09. 후드 바디슈트 photo … p.14

●완성 사이즈

사이즈	50	60	70
가슴둘레	54	58	62
옷길이	39	42	45
소매길이	18	22	26

●패턴에 대해서
· 패턴 면수 … A면의 [09] 패턴을 사용합니다.
· 사용 패턴 … 앞몸판, 뒷몸판, 후드1, 후드2, 소매, 소매 밑단 시보리, 밑단 시보리 단춧단

●재단 배치도
· 지정 이외의 시접은 1cm.
· ⌇⌇⌇ 표시된 부분은 지그재그봉제 또는 오버록 처리한다
※앞몸판, 뒷몸판 밑단 시접 주는 방법 P.76 참고

●재료
· 겉감 … 85cm폭 x 135cm
· 시보리감 … 110cm폭(환형) x 20cm
· 소잉심지 … 5cm폭 x 5cm
· 와펜 … 1개
· 1.5cm폭 아일렛 … 2쌍
· 1.7cm폭 스트링끈 … 1팩
· 0.8cm폭 고무줄 … 1팩
· 1.15cm폭 T단추 … 2쌍

●만드는 순서

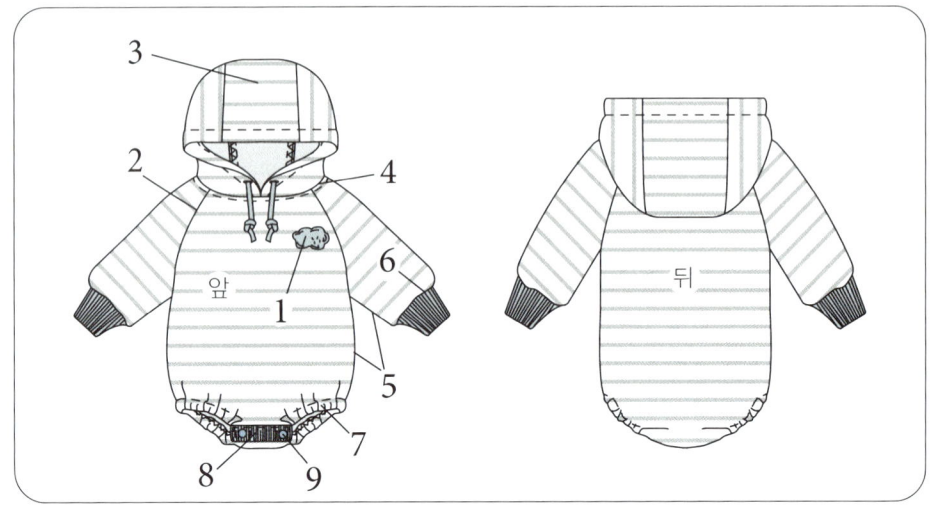

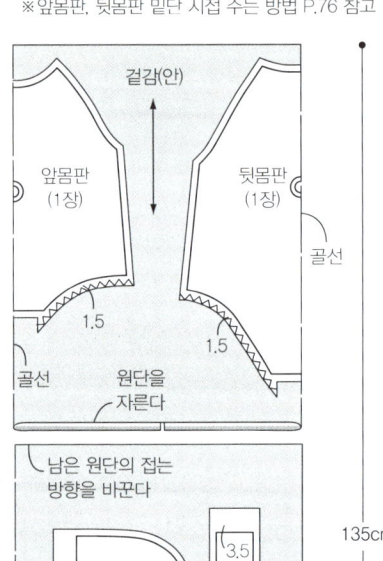

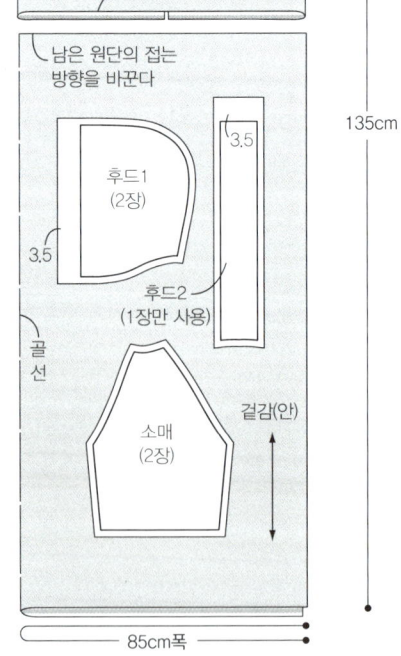

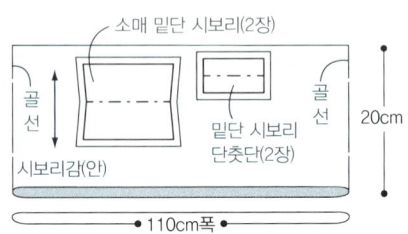

●만드는 방법
· 치수가 기재되어 있지 않은 곳은 1cm로 봉합합니다.

1 몸판에 와펜을 단다
2 몸판에 소매를 단다

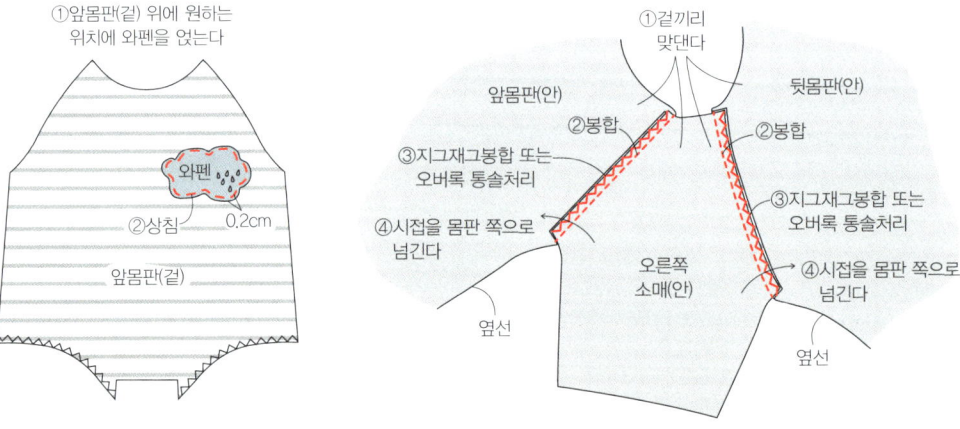

※반대쪽도 ①~④과정과 같은 방법으로 만든다

3 후드를 만든다

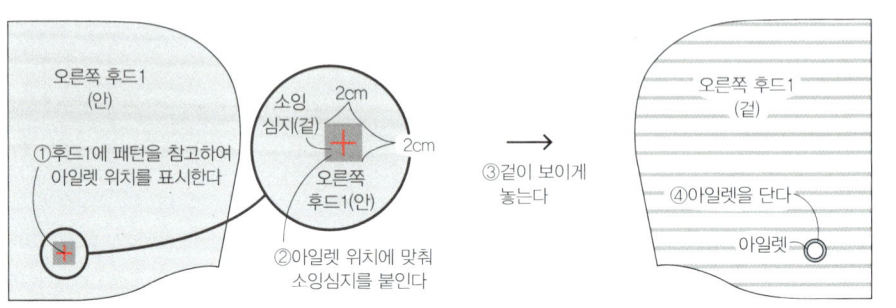

※P.49 / 4·10 - ◆아일렛 달기 참고
※반대쪽도 ①~④과정과 같은 방법으로 만든다

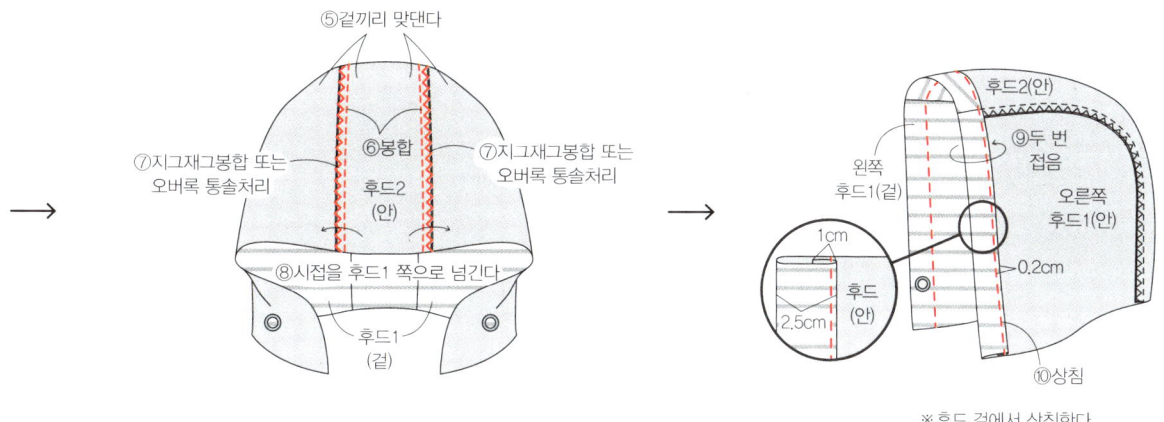

4 몸판에 후드를 단다

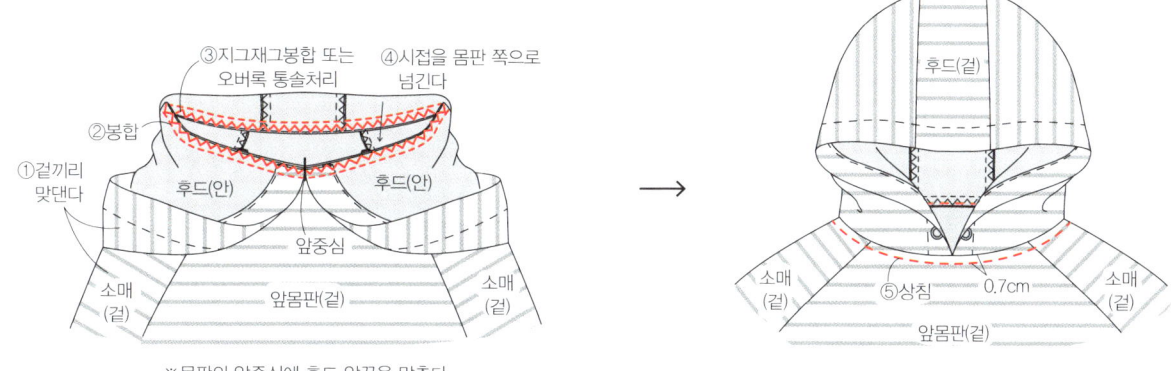

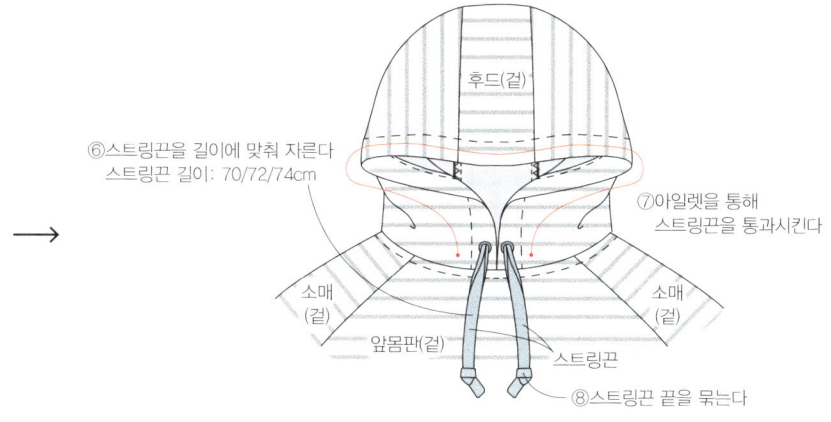

5 몸판과 소매의 옆선을 한 번에 이어서 봉합한다
(P.59 / 5—①~④ 참고)

6 소매 밑단 시보리를 만들어 소매에 단다

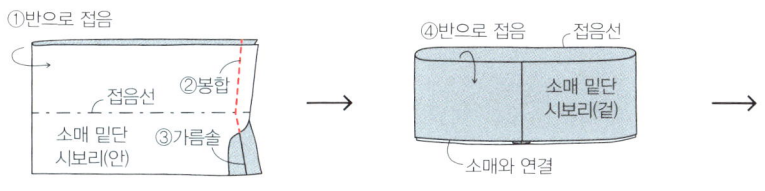
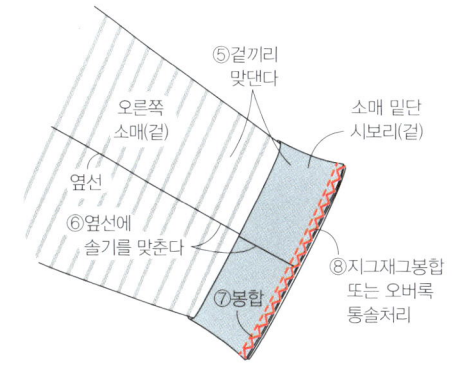

09. 후드 바디슈트

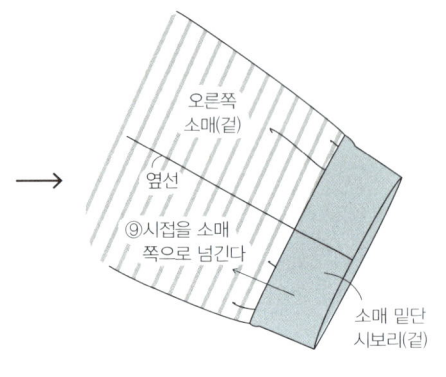

※왼쪽 소매도 ①~⑨과정과 같은 방법으로 만든다

7 몸판의 허벅지 통로에 고무줄을 끼운다
 (P.71 / 9—①~⑦ 참고)

8 몸판의 밑단에 밑단 시보리 단춧단을 단다
 (P.71 / 10—①~⑦ 참고)

9 밑단 시보리 단춧단에 T단추를 단다
 (P.72 / 12—② 참고)

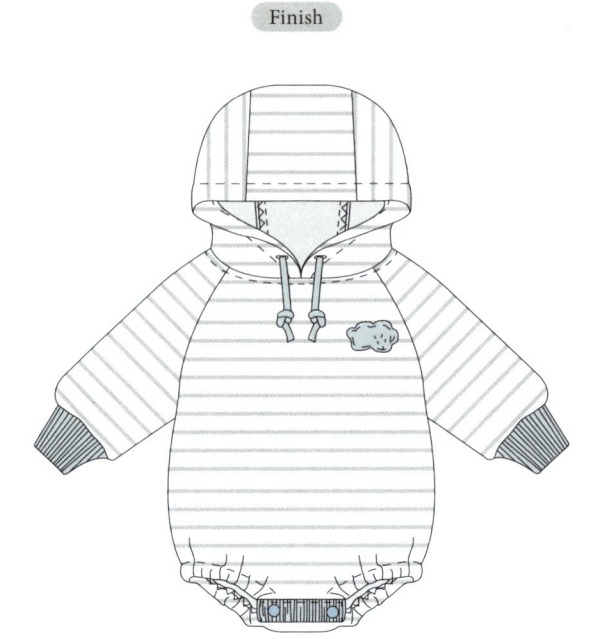

Finish

[밑단 시접 주는 방법] ※앞몸판을 기준으로 설명합니다.

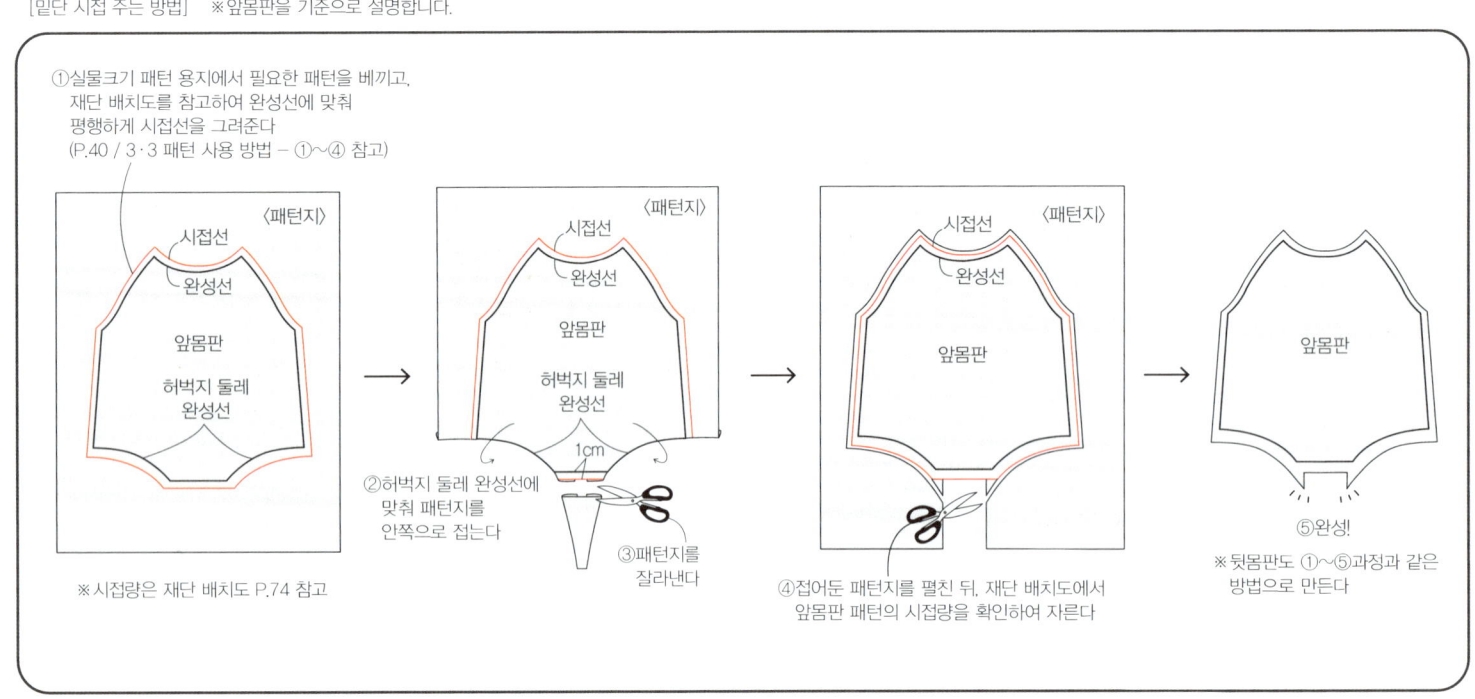

10. 양면 베스트　photo … p.16

● 완성 사이즈

사이즈	50	60	70
가슴둘레	58.5	62.5	66.5
옷길이	26	29	32

● 재료
· 겉감 … 110cm폭 x 45cm
· 안감 … 150cm폭 x 45cm
· 약 1cm(완성폭) 바이어스 테이프… 1팩
· 1.15cm폭 T단추 … 3쌍

● 패턴에 대해서
· 패턴 면수 … B면의 [10] 패턴을 사용합니다.
· 사용 패턴 : 겉앞몸판, 겉뒷몸판,
　　　　　　안앞몸판, 안뒷몸판, 주머니

● 재단 배치도
· 지정 이외의 시접은 1cm.
· ⌇ 표시된 부분은 지그재그봉제 또는 오버록 처리한다

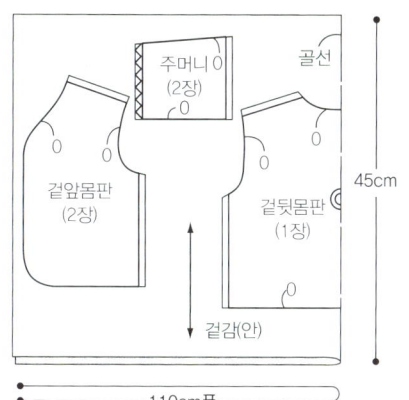

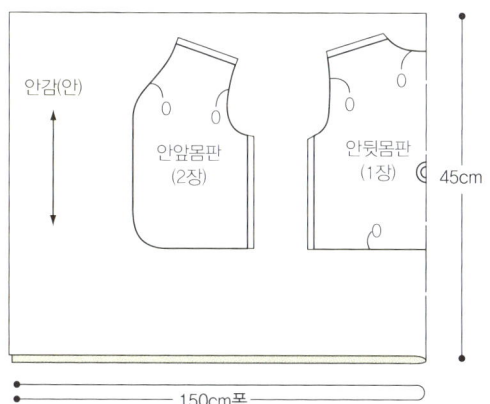

● 만드는 순서

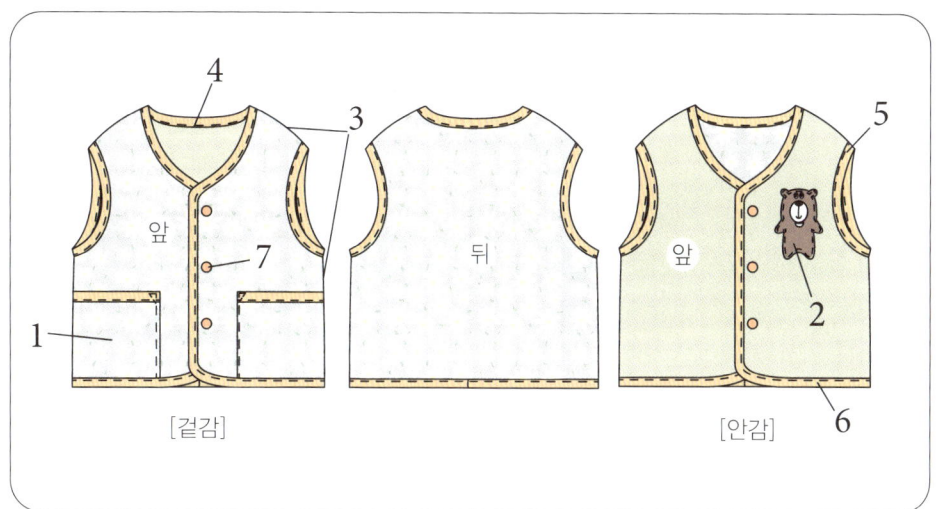

● 만드는 방법
· 치수가 기재되어 있지 않은 곳은 1cm로 봉합합니다.
· 바이어스 테이프의 길이는 필요한 길이보다 여유 있게 기재되어 있습니다.
　다는 곳의 길이에 맞춰 여분을 잘라서 사용해주세요.

1 주머니를 만들어 겉앞몸판에 단다

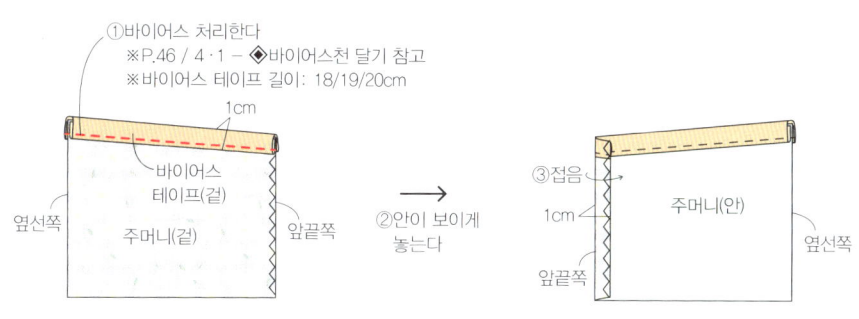

2 안앞몸판에 와펜을 단다

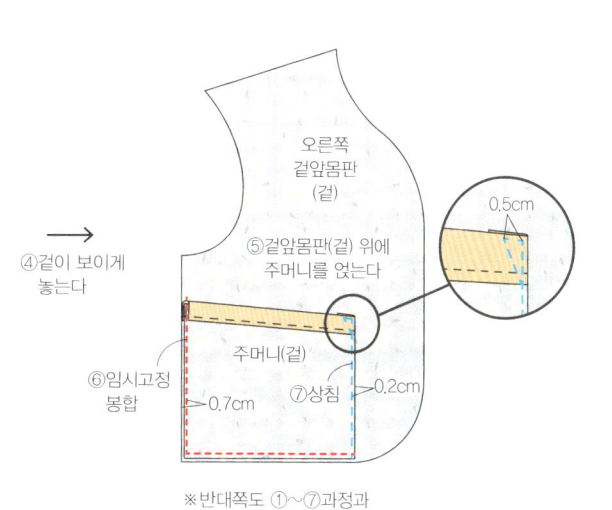

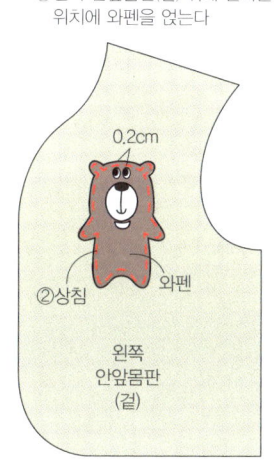

10. 양면 베스트

3 겉·안몸판의 어깨와 옆선을 봉합한다

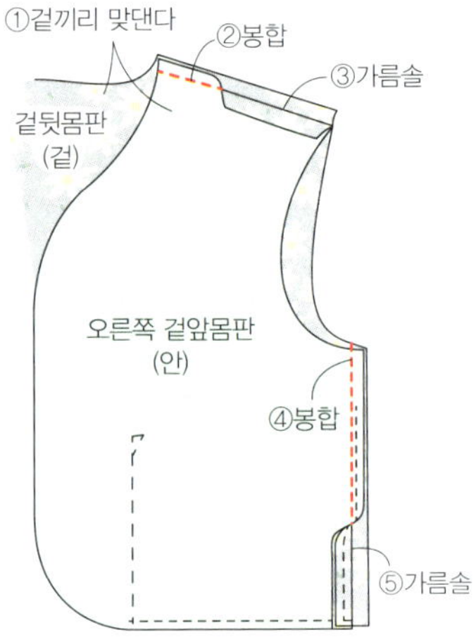

4 겉·안몸판을 연결한다

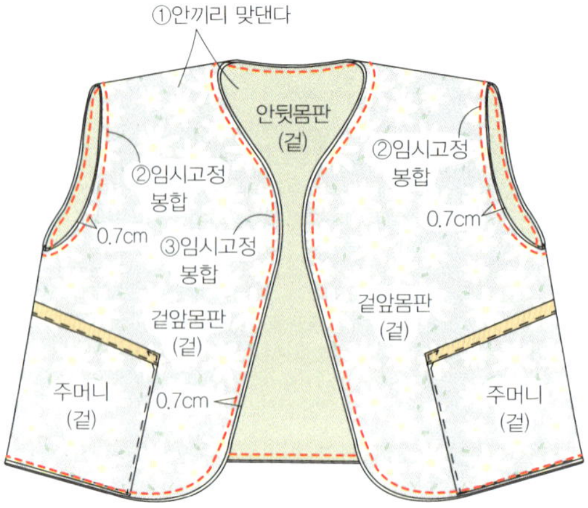

5 몸판의 암홀 둘레를 바이어스 처리한다

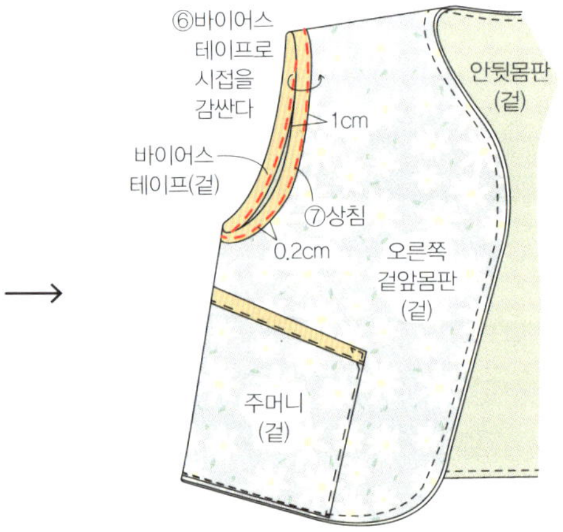

①바이어스 테이프를 길이에 맞춰 자르고 한쪽을 펼쳐 안몸판과 겉끼리 맞댄다
※바이어스 테이프 길이(한쪽 암홀 둘레 기준): 29/32/35cm

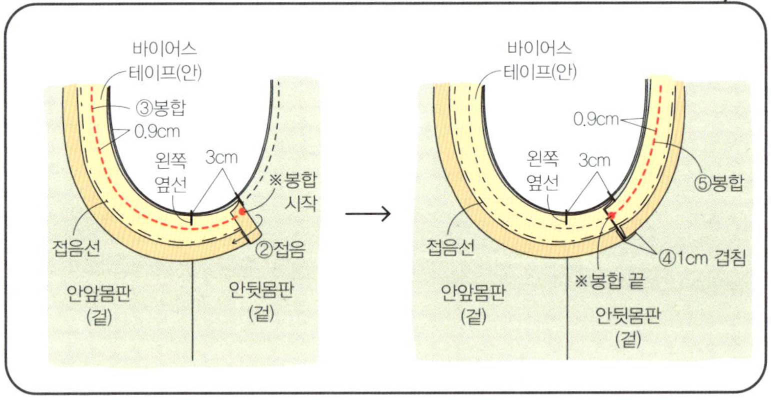

6 몸판의 바깥둘레를 바이어스 처리한다 (P.53 / 5-①~⑦ 참고)
※바이어스 테이프 길이: 135/145/155cm

7 몸판에 T단추를 단다

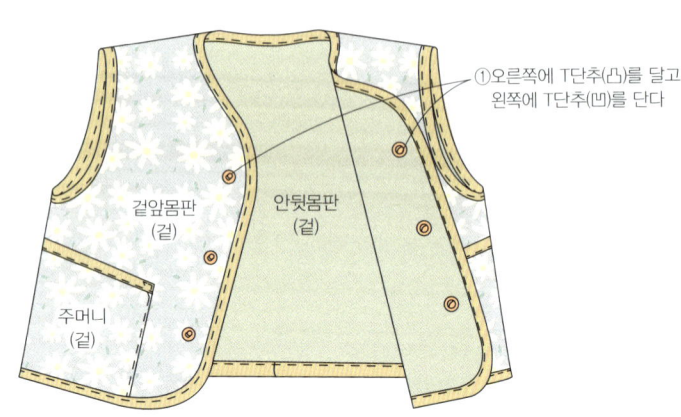

Finish

11. 블루머 photo … p.17

●완성 사이즈

사이즈	50	60	70
옷길이	27.5	30.5	33.5
엉덩이둘레	68	72.5	76.5

●재료
· 겉감 … 140cm폭 x 45cm
· (허리용)2cm폭 고무줄 … 1팩
· (밑단용)1cm폭 고무줄 … 1팩
· 3.5cm폭 면라벨 … 1개

●패턴에 대해서
· 패턴 면수 … C면의 [11] 패턴을 사용합니다.
· 사용 패턴 … 팬츠

●재단 배치도
· 지정 이외의 시접은 1cm.

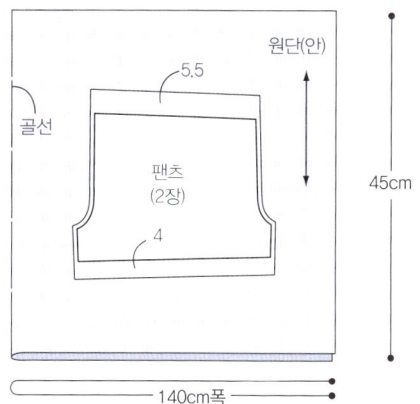

●만드는 순서

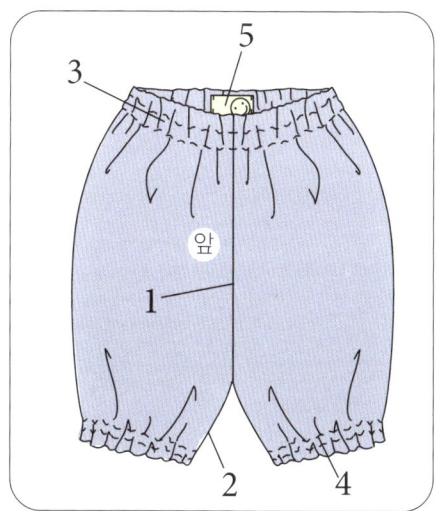

●만드는 방법
· 치수가 기재되어 있지 않은 곳은 1cm로 봉합합니다.

1 팬츠의 밑위둘레를 봉합한다 (P.66 / 2-①~④ 참고)

2 팬츠의 밑아래둘레를 봉합한다

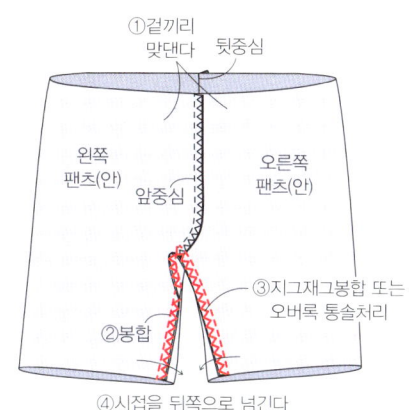

3 팬츠의 허리둘레를 정리한다

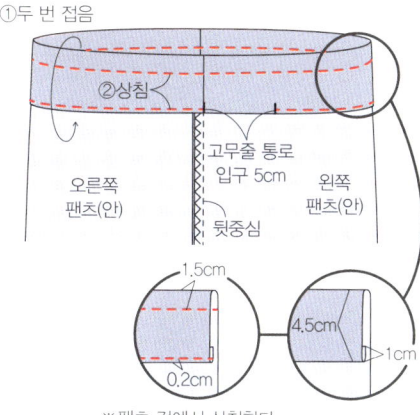

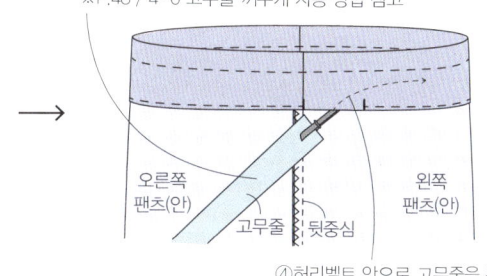

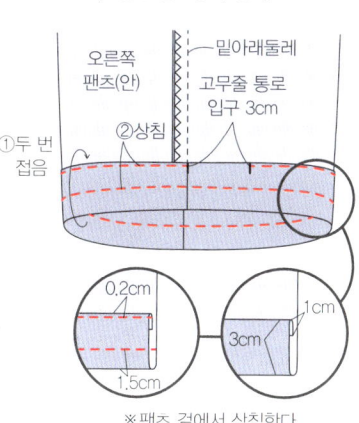

4 팬츠의 밑단을 정리한다

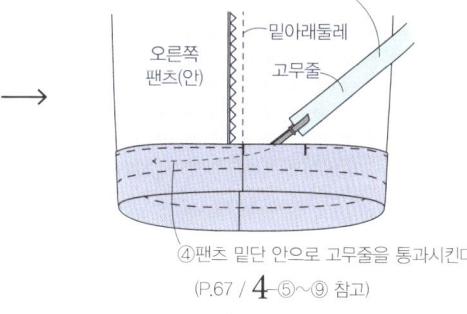

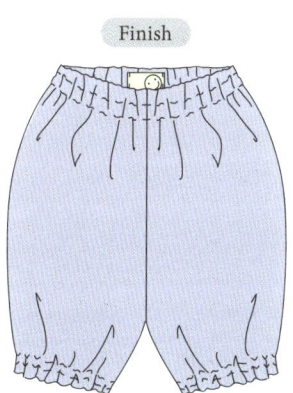

5 팬츠에 라벨을 단다

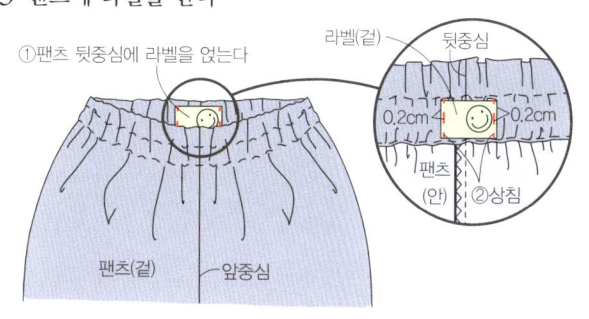

Finish

12. 셔링 블라우스　photo … p.18

●완성 사이즈

사이즈	80	90	100	110	120	130
가슴둘레	87.5	91	94.5	98.5	102.5	106.5
옷길이	30	33.5	37	40.5	44	47
소매길이	25.5	30.5	35.5	40	45	50

●재료

- 겉감 … 140cm폭 × 135cm
- 2.5cm폭 소프트 테이프 … 1팩
- 0.8cm폭 고무줄 … 1팩

●패턴에 대해서

- 패턴 면수 … A면의 [12] 패턴을 사용합니다.
- 사용 패턴 … 앞몸판, 뒷몸판, 소매

●재단 배치도

- 지정 이외의 시접은 1cm.
- 〰️ 표시된 부분은 지그재그봉제 또는 오버록 처리한다

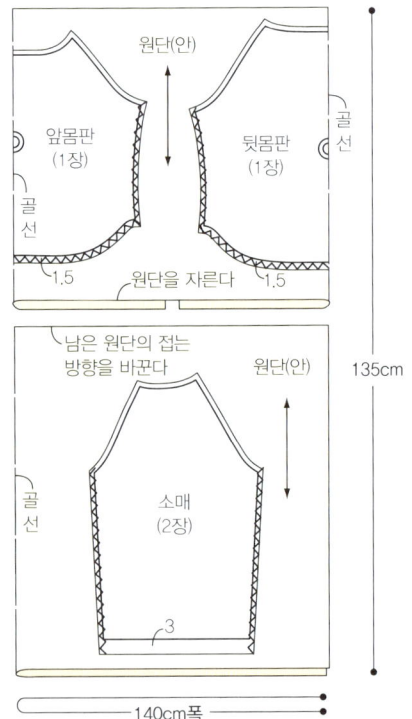

●만드는 순서

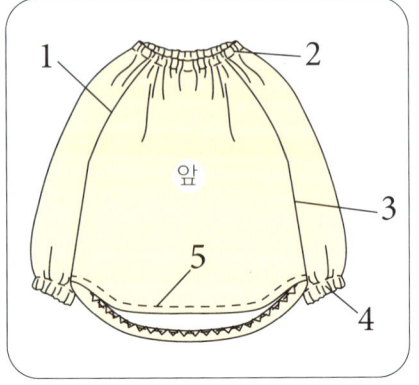

●만드는 방법

- 치수가 기재되어 있지 않은 곳은 1cm로 봉합합니다.
- 소프트 테이프의 길이는 필요한 길이보다 여유 있게 기재되어 있습니다. 다는 곳의 길이에 맞춰 여분을 잘라서 사용해주세요.

1 몸판에 소매를 단다 (P.74 / 2-①~④ 참고)

2 몸판의 목둘레에 고무줄을 끼운다

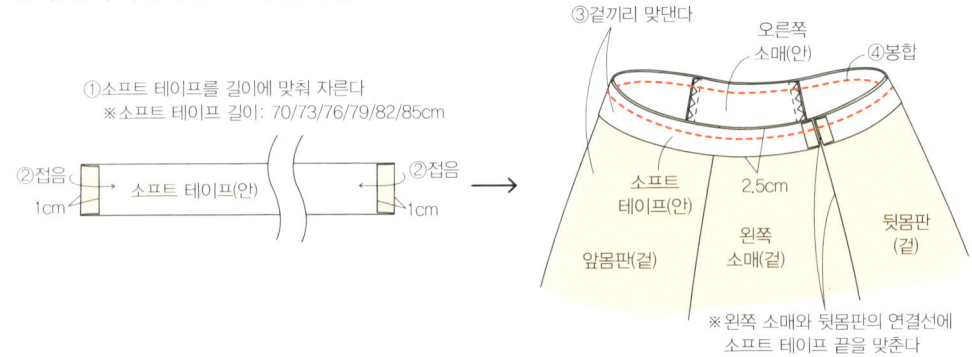

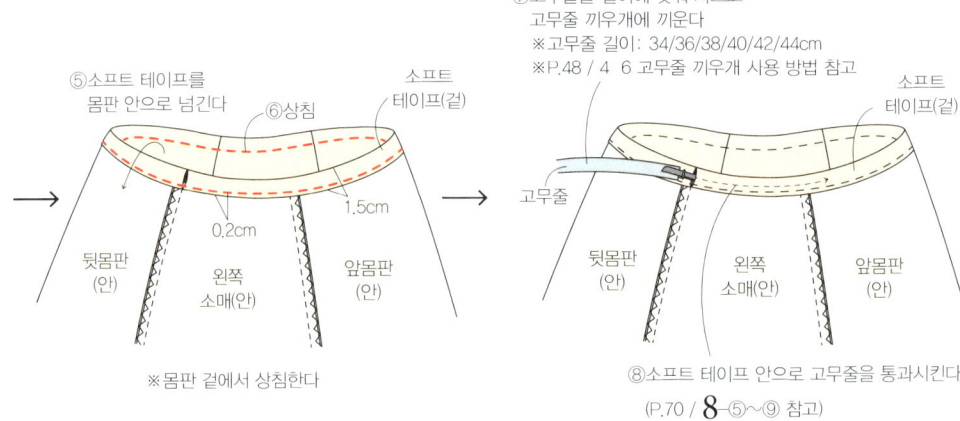

3 몸판과 소매의 옆선을 한 번에 이어서 봉합한다 (P.70 / 7-①~③ 참고)

4 소매의 밑단에 고무줄을 끼운다 (P.70 / 8-①~⑨ 참고)
※고무줄 길이(한쪽 소매 기준): 17/17.5/18/18.5/19/19.5cm

5 몸판의 밑단을 정리한다

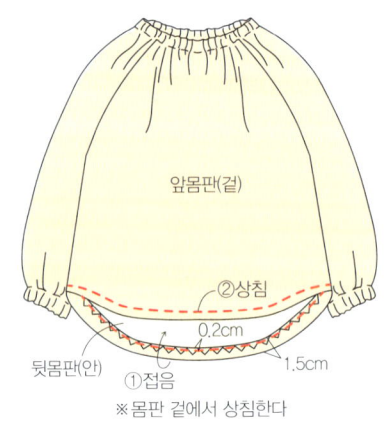

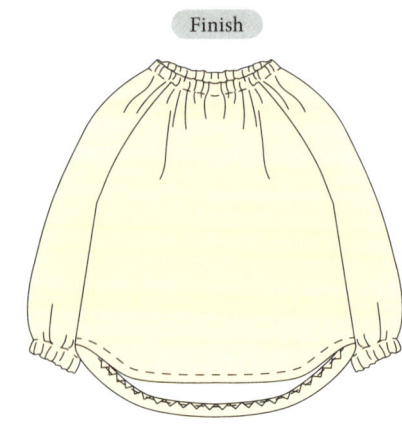

Finish

13. 배기팬츠   photo … p.19

●완성 사이즈

사이즈	80	90	100	110	120	130
옷길이	37	41	44.5	48.5	52	55.5
엉덩이둘레	111.5	115.5	120	124	128.5	134

●재료
· 겉감 … 130cm폭 x 135cm
· 소잉심지 … 30cm폭 x 30cm
· 3cm폭 고무줄 … 1팩

●패턴에 대해서
· 패턴 면수 … A면의 [13] 패턴을 사용합니다.
· 사용 패턴 … 앞팬츠, 뒤팬츠, 옆선 주머니

●재단 배치도
· 지정 이외의 시접은 1cm.
· ～～ 부분에 소잉심지를 붙인다
· ▓ 표시된 부분은 지그재그봉제 또는 오버록 처리한다
※앞팬츠, 뒤팬츠 허리 시접 주는 방법 P.82 참고

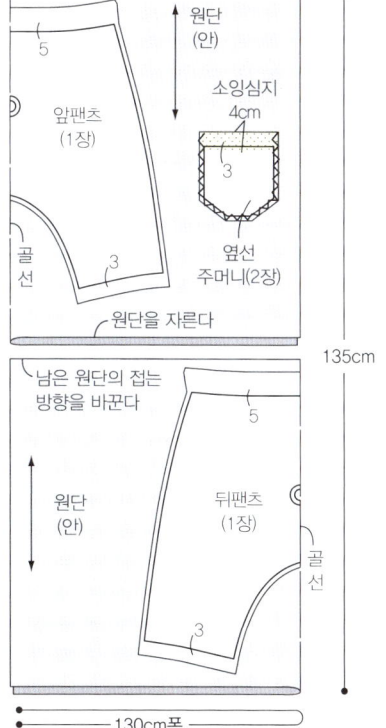

●만드는 순서

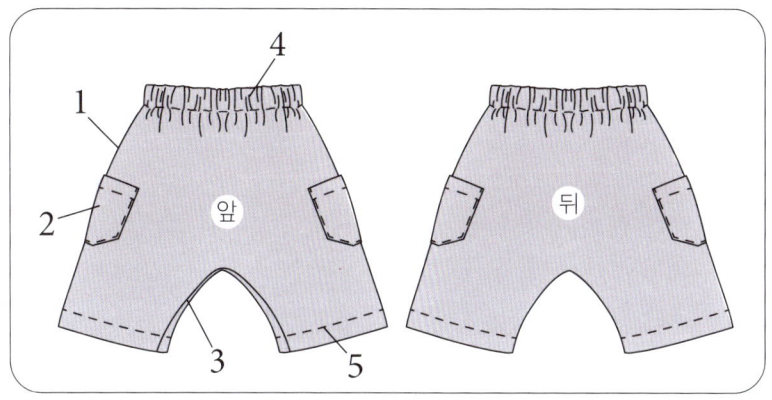

●만드는 방법
· 치수가 기재되어 있지 않은 곳은 1cm로 봉합합니다.

1 팬츠의 옆선을 봉합한다

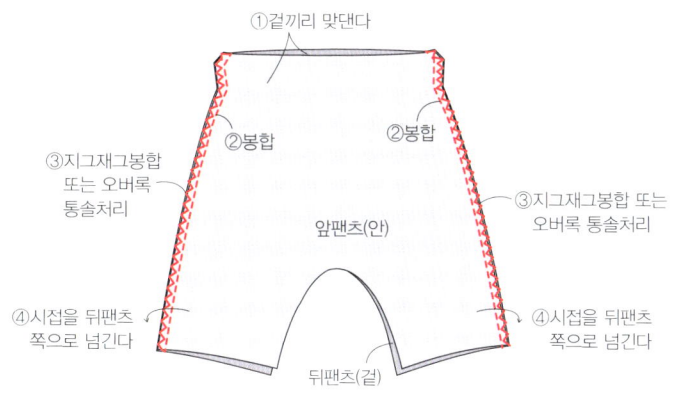

2 옆선 주머니를 만들어 팬츠에 단다

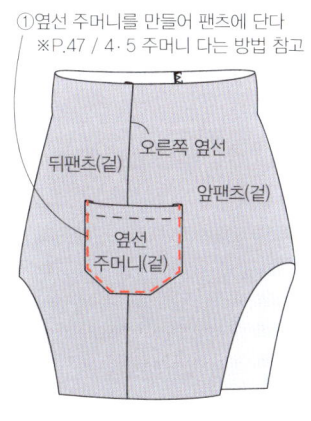

※반대쪽도 ①과정과 같은 방법으로 만든다

3 팬츠의 밑아래둘레를 봉합한다

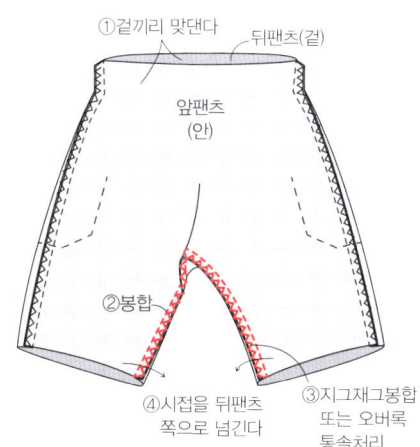

13. 배기팬츠

4 팬츠의 허리둘레를 정리한다

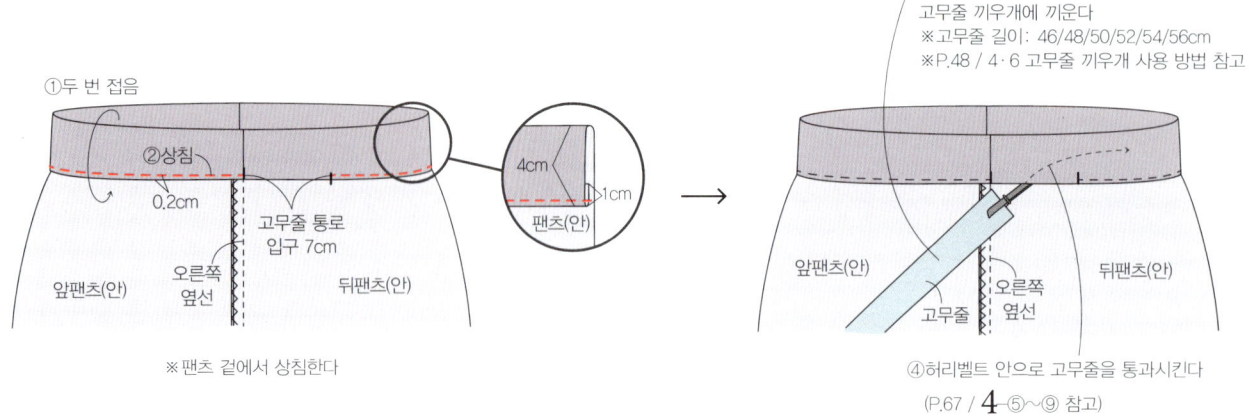

5 팬츠의 밑단을 정리한다

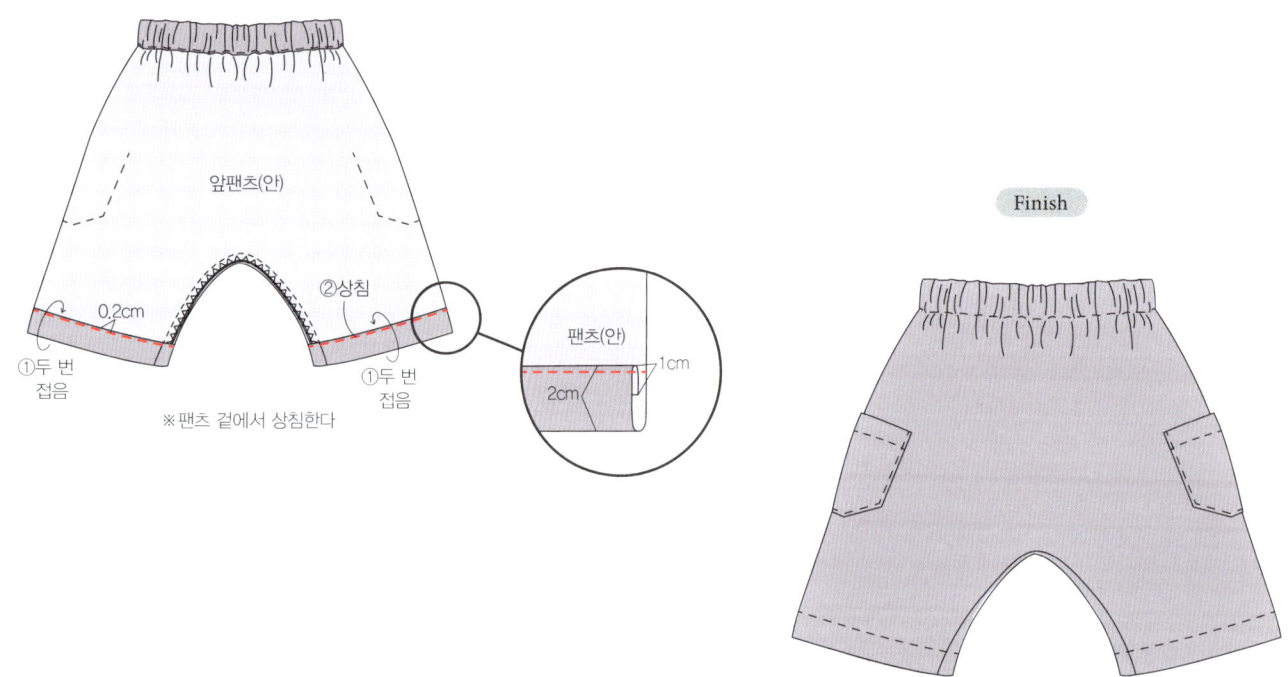

Finish

[허리 시접 주는 방법] ※앞팬츠를 기준으로 설명합니다.

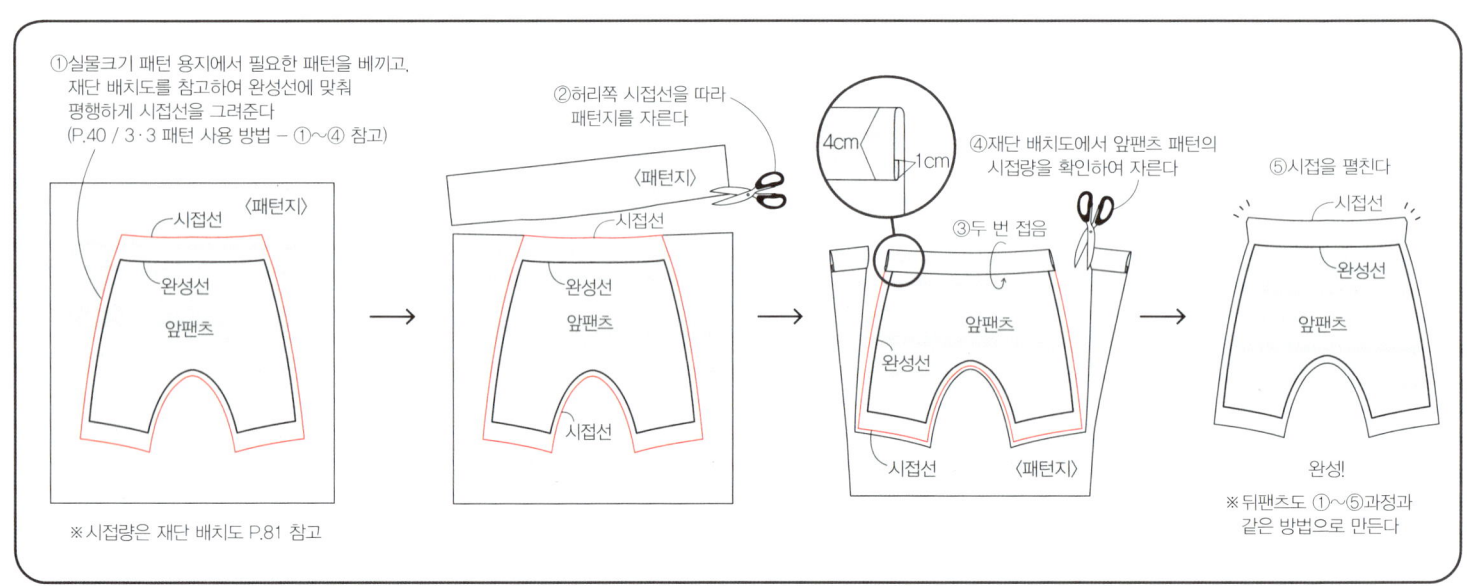

14. 프릴 원피스 photo … p.20

●완성 사이즈

사이즈	80	90	100	110	120	130
가슴둘레	65.5	69.5	73.5	77.5	81.5	85.5
옷길이	51	55.5	60	64.5	69	73.5
소매길이	28	32.5	37	41	45	49

●재료
- 겉감 … 140cm폭 x 225cm
- 소잉심지 … 30cm폭 x 60cm
- 1cm폭 고무줄 … 1팩
- 1.25cm폭 싸개단추 … 3개

●패턴에 대해서
- 패턴 면수 … B면의 [14] 패턴을 사용합니다.
- 사용 패턴 … 앞몸판, 뒷몸판, 앞스커트, 뒷스커트, 앞프릴감, 뒷프릴감, 소매

●재단 배치도
- 지정 이외의 시접은 1cm.
- 부분에 소잉심지를 붙인다.
- 목둘레 안바이어스천은 직접 제도하여 사용합니다
- 왼쪽에서부터 80/90/100/110/120/130 사이즈

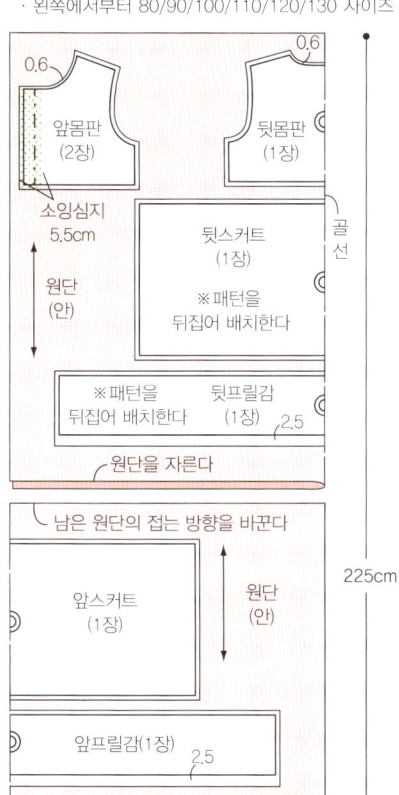

●만드는 순서

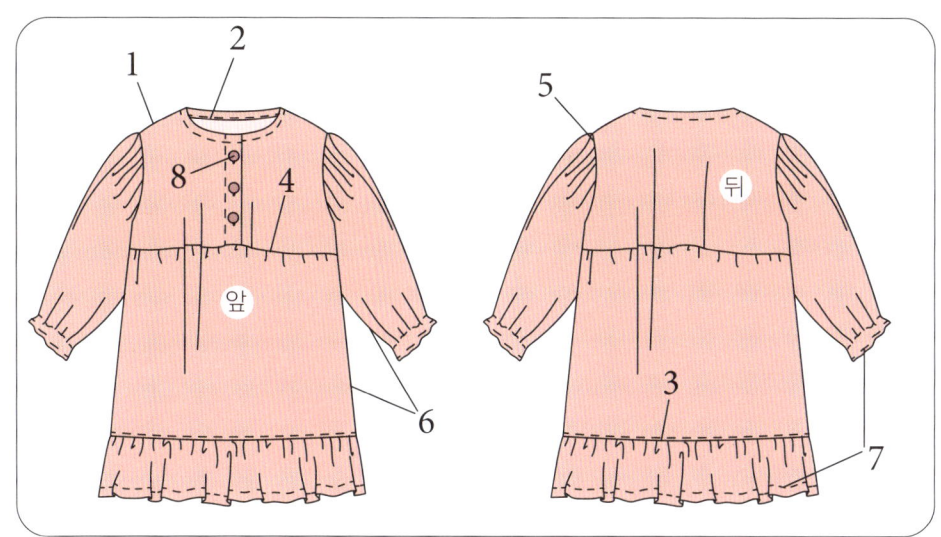

●만드는 방법
- 치수가 기재되어 있지 않은 곳은 1cm로 봉합합니다.
- 안바이어스천의 길이는 필요한 길이보다 여유 있게 기재되어 있습니다. 다는 곳의 길이에 맞춰 여분을 잘라서 사용해주세요.

1 몸판의 어깨를 봉합한다 (P.58 / 2-①~④ 참고)

2 몸판의 목둘레를 안바이어스 처리한다

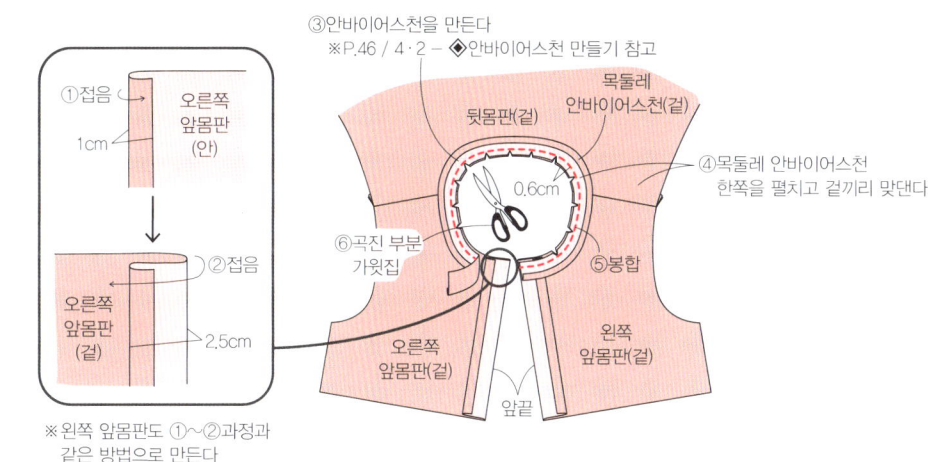

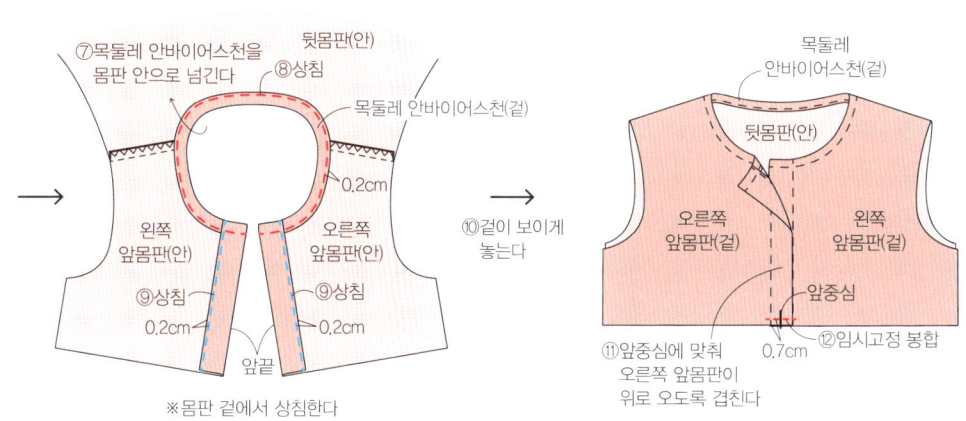

3 스커트에 프릴감을 단다

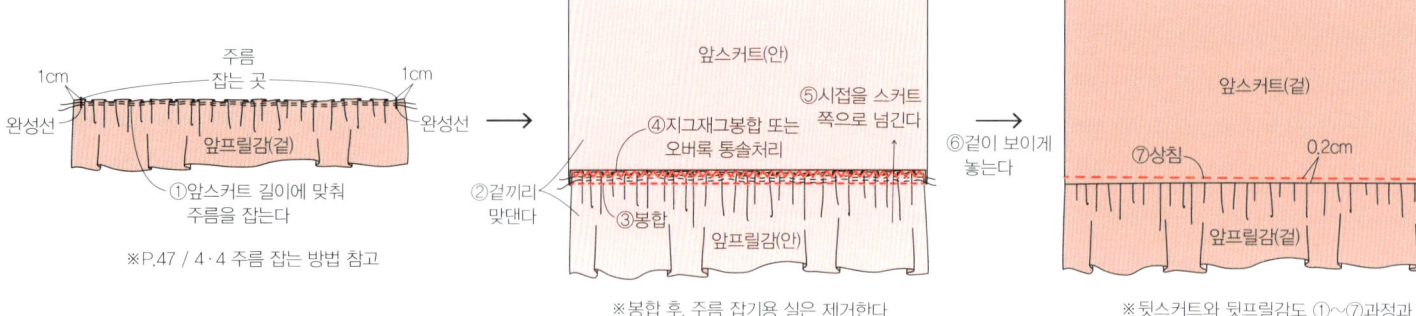

4 몸판에 스커트를 단다

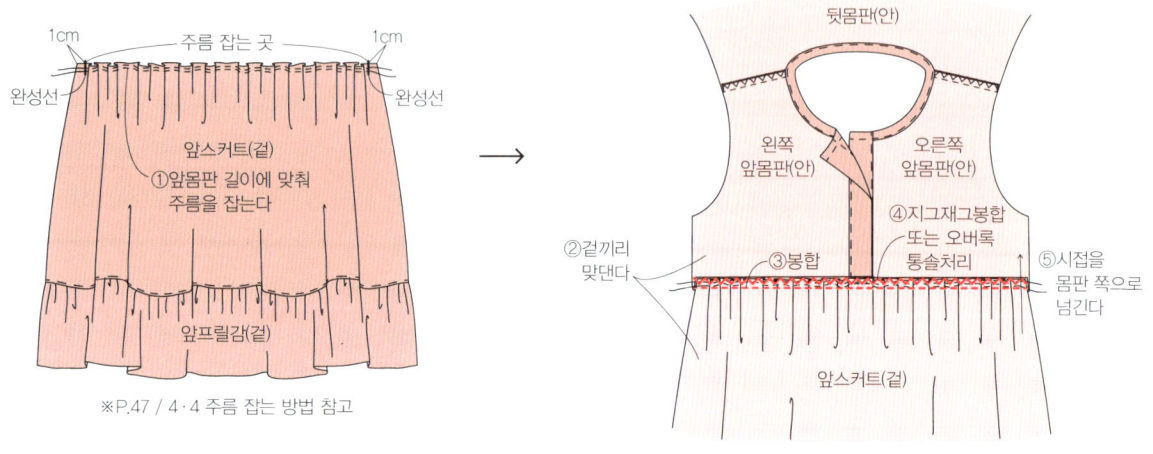

5 소매를 만들어 몸판에 단다

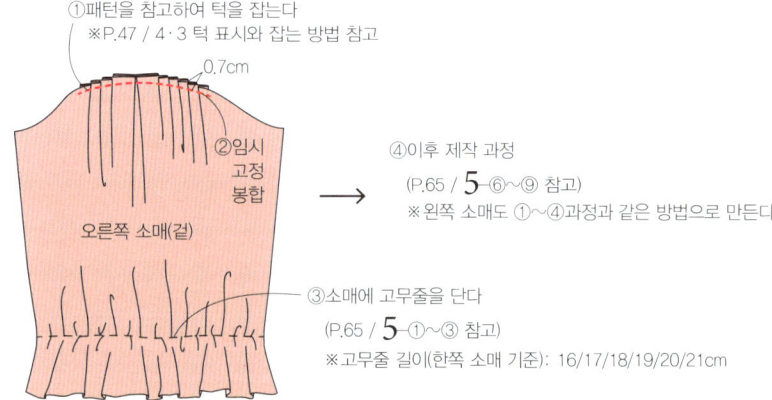

6 몸판과 소매의 옆선을 한 번에 이어서 봉합한다
(P.59 / 5─①~④ 참고)

7 몸판과 소매의 밑단을 정리한다
(P.65 / 7─①~⑤ 참고)

8 몸판에 단춧구멍을 뚫고 단추를 단다

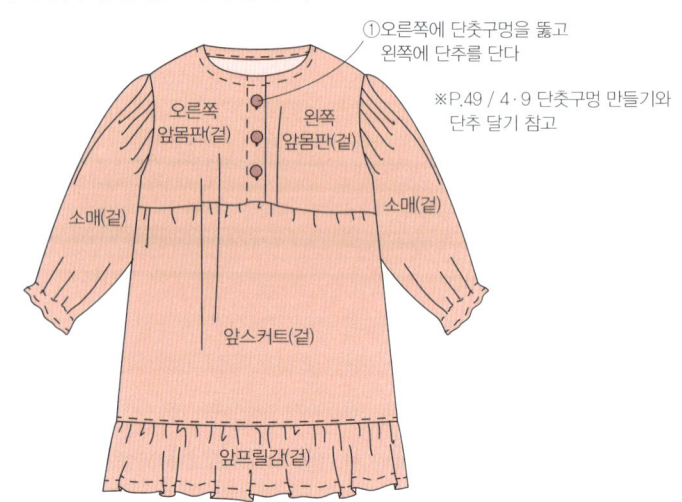

Finish

15. 페이크 칼라(2종) photo ··· p.21

● **완성 사이즈(세일러 칼라 디자인)**

사이즈	80	90	100	110	120	130
목둘레	46.5	47.5	49	50.5	52	53.5
옷길이	17	17.5	18	18.5	19	19.5

● **완성 사이즈(라운드 칼라 디자인)**

사이즈	80	90	100	110	120	130
목둘레	32	33.5	35	36.5	38	39.5
옷길이	13.5	14	14.5	15	15.5	16

● **재료**

[세일러 칼라 디자인]
· 겉감 ··· 140cm폭 x 45cm
· 1cm폭 소프트 테이프 ··· 4마

[라운드 칼라 디자인]
· 겉감 ··· 110cm폭 x 45cm
· 5cm폭 주름 레이스 ··· 2마
· 1.15cm폭 T단추 ··· 1쌍

● **패턴에 대해서**

[세일러 칼라 디자인]
· 패턴 면수 ··· C면의 [15] 패턴을 사용합니다.
· 사용 패턴 ··· 겉칼라, 안칼라

[라운드 칼라 디자인]
· 패턴 면수 ··· C면의 [15] 패턴을 사용합니다.
· 사용 패턴 ··· 겉칼라, 안칼라

● **재단 배치도**
· 지정 이외의 시접은 1cm.

[세일러 칼라 디자인]

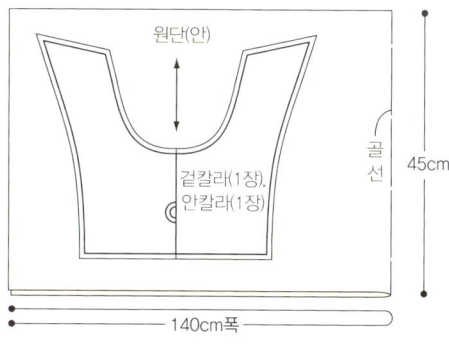

[라운드 칼라 디자인]

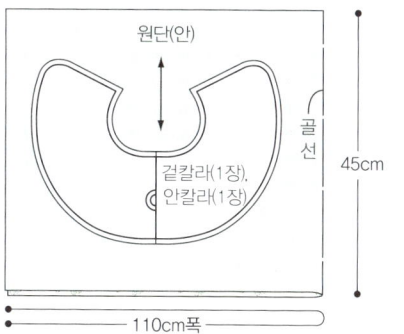

● **만드는 순서**

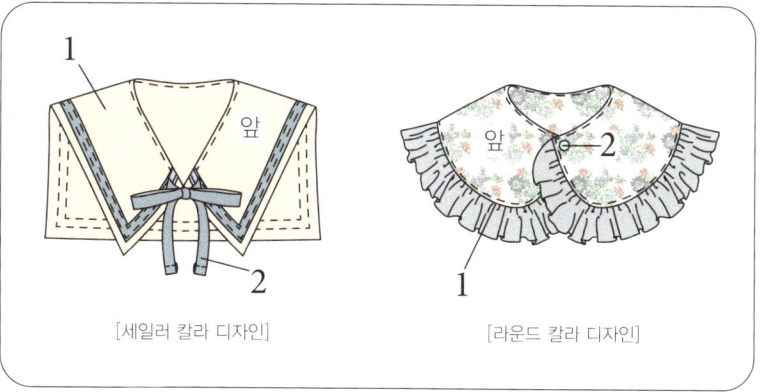

● **세일러 칼라 만드는 방법**
· 치수가 기재되어 있지 않은 곳은 1cm로 봉합합니다.
· 소프트 테이프의 길이는 필요한 길이보다 여유 있게 기재되어 있습니다.
  다는 곳의 길이에 맞춰 여분을 잘라서 사용해주세요.

1 칼라를 만든다

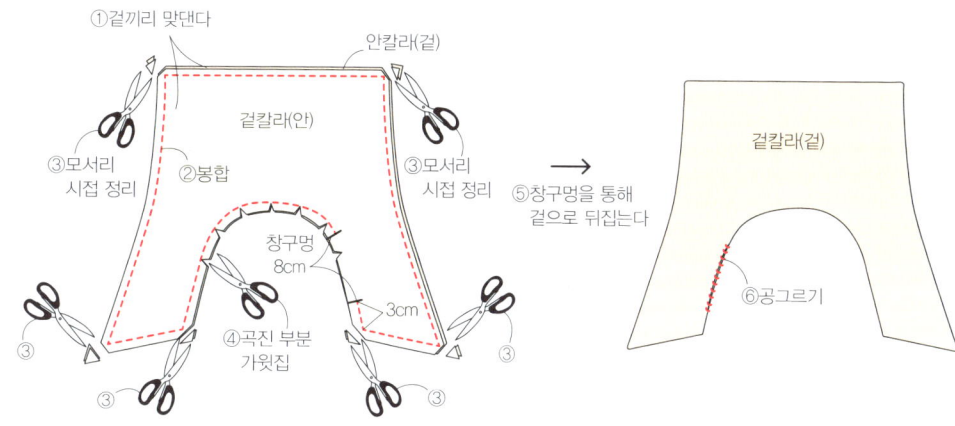

2 칼라에 소프트 테이프를 단다

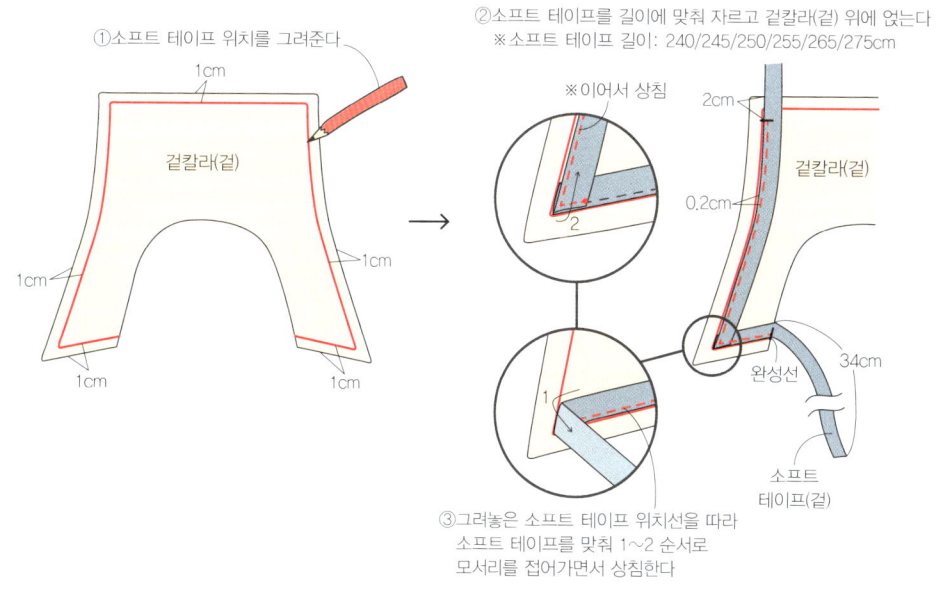

15. 페이크 칼라(2종)

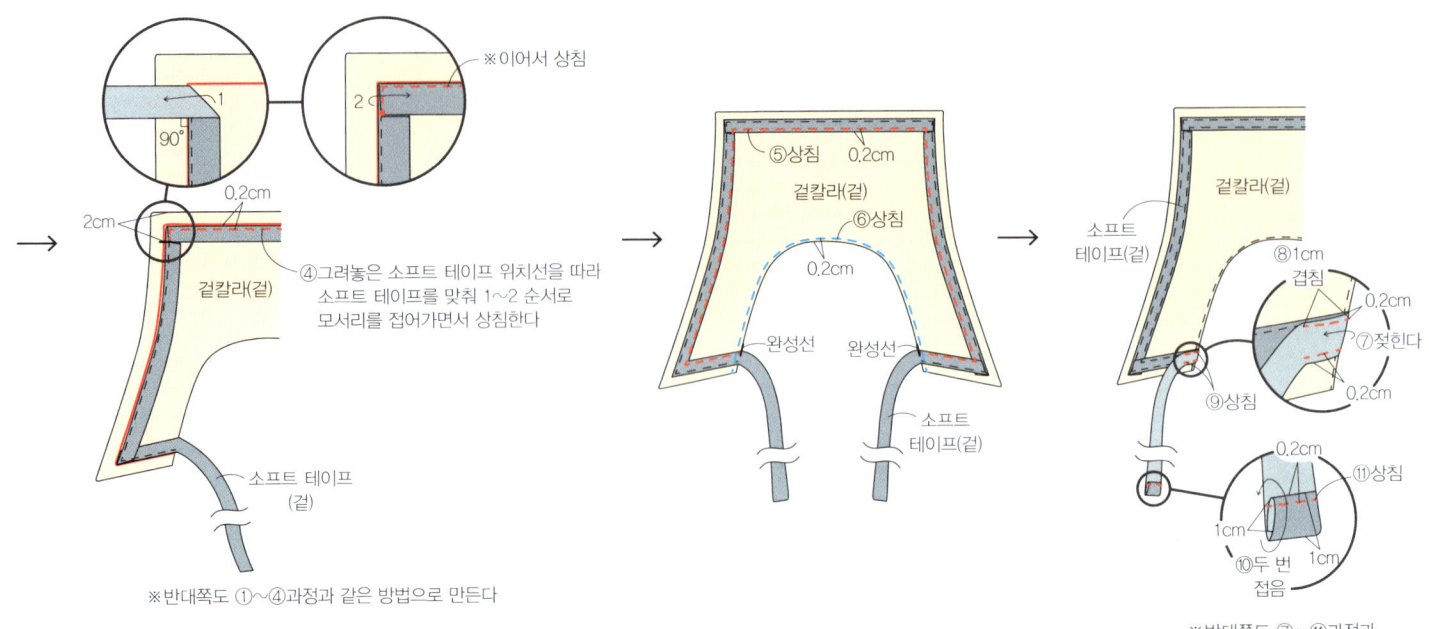

● 라운드 칼라 만드는 방법
· 치수가 기재되어 있지 않은 곳은 1cm로 봉합합니다.
· 레이스의 길이는 필요한 길이보다 여유 있게 기재되어 있습니다. 다는 곳의 길이에 맞춰 여분을 잘라서 사용해주세요.

1 칼라에 레이스를 단다

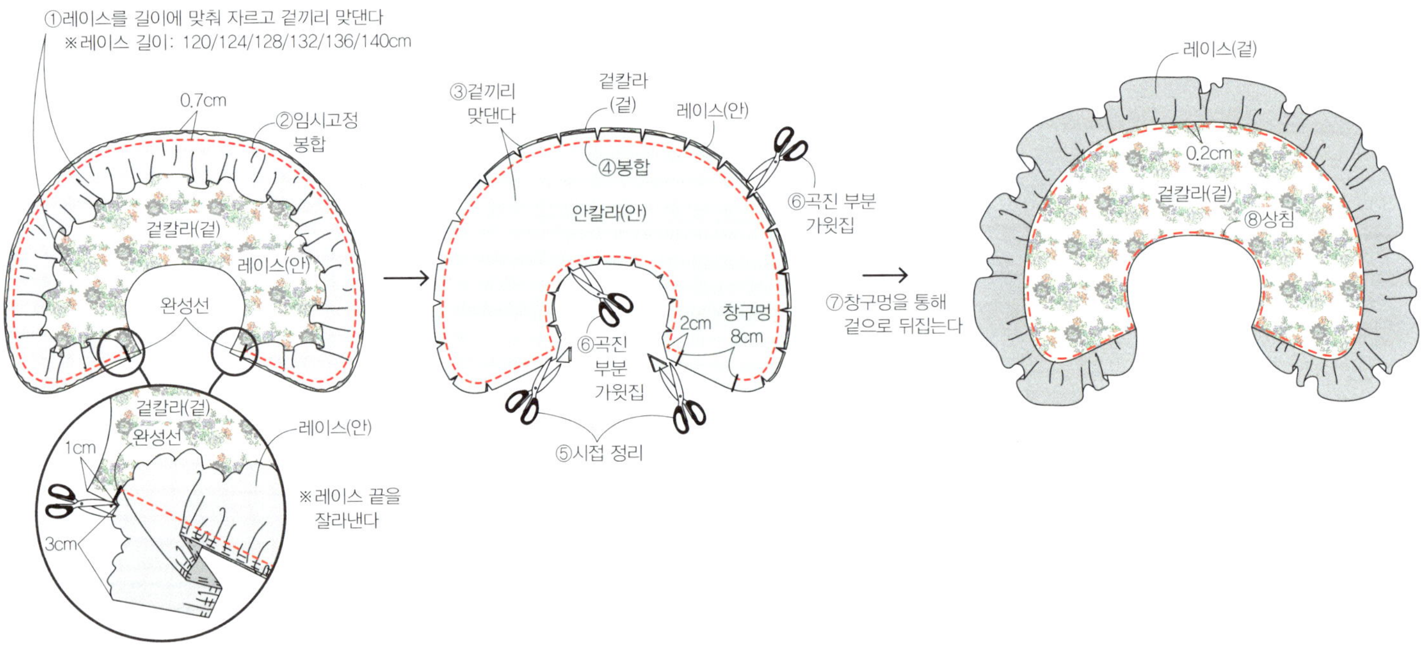

2 칼라에 T단추를 단다

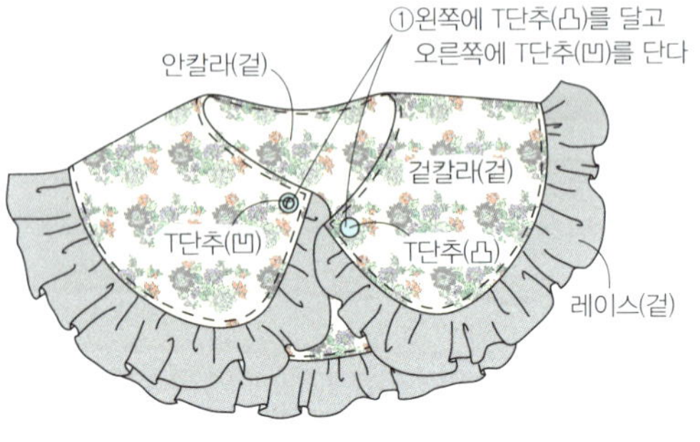

※P.49 / 4·10 - ◆T단추 달기 참고

Finish
[세일러 칼라 디자인]

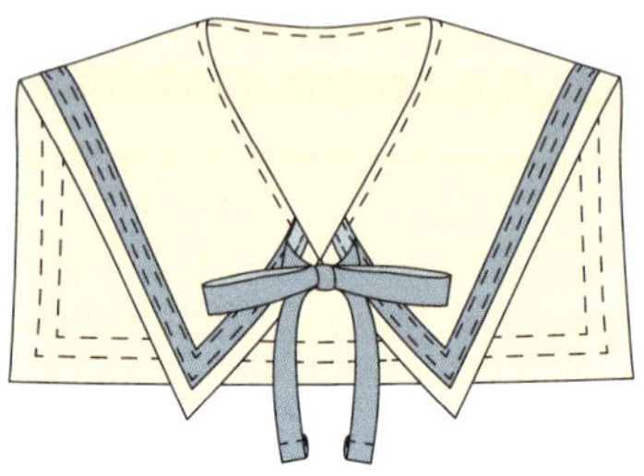

Finish
[라운드 칼라 디자인]

16. 재킷 photo … p.22

●완성 사이즈

사이즈	80	90	100	110	120	130
가슴둘레	62.5	66.5	71	75.5	80	84.5
옷길이	36.5	40	43.5	46.5	50	53.5
소매길이	26.5	30	33.5	38	42.5	47

●재료
- 겉감 … 140cm폭 x 180cm
- 소잉심지 … 110cm폭 x 90cm
- 1.2cm폭 소잉테이프 심지 … 1팩
- 1.3cm폭 파이핑 테이프 … 1팩
- 약 1cm(완성폭) 바이어스 테이프 … 1팩

●패턴에 대해서
- 패턴 면수 … C면의 [16] 패턴을 사용합니다.
- 사용 패턴 … 앞몸판, 뒷몸판, 앞안단, 뒤안단, 겉칼라, 안칼라, 소매, 주머니

●재단 배치도
- 지정 이외의 시접은 1cm.
- 부분에 소잉심지를 붙인다
- 부분에 소잉테이프 심지를 붙인다
- ⌇ 표시된 부분은 지그재그봉제 또는 오버록 처리한다

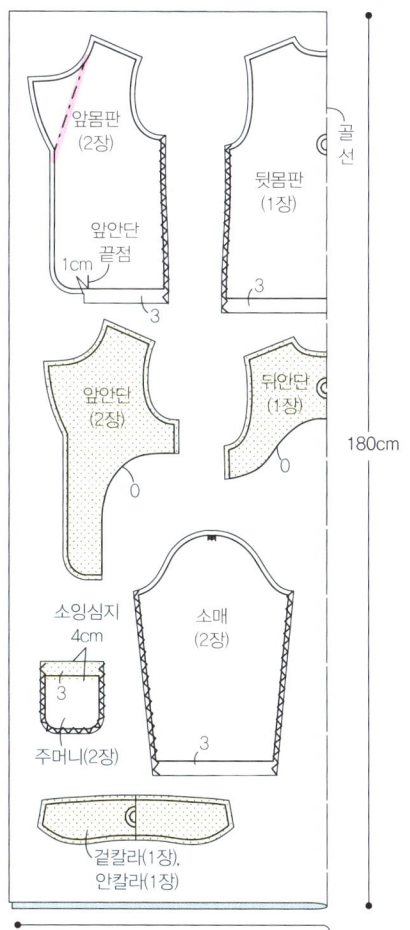

●만드는 순서

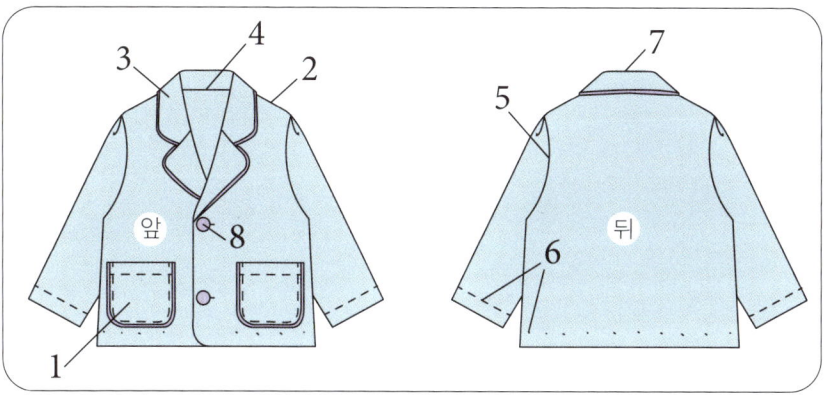

●만드는 방법
- 치수가 기재되어 있지 않은 곳은 1cm로 봉합합니다.
- 파이핑 테이프, 바이어스 테이프의 길이는 필요한 길이보다 여유 있게 기재되어 있습니다.
  다는 곳의 길이에 맞춰 여분을 잘라서 사용해주세요.

1 주머니를 만들어 몸판에 단다

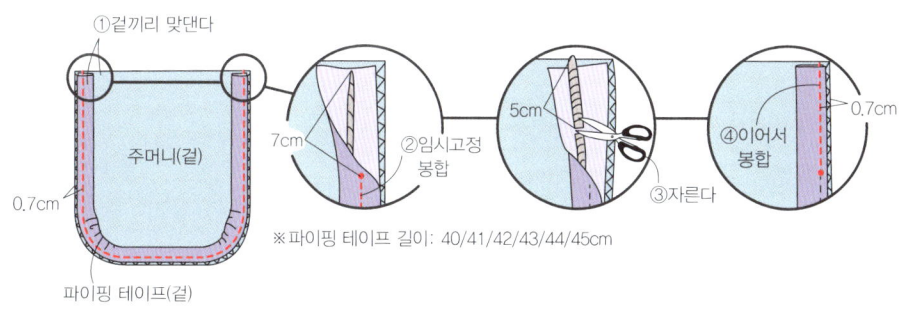

※파이핑 테이프 길이: 40/41/42/43/44/45cm

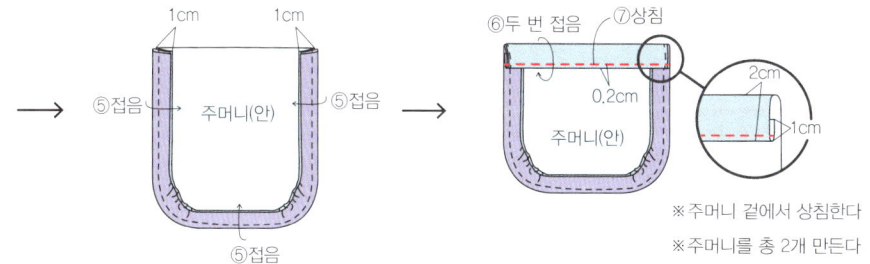

※주머니 겉에서 상침한다
※주머니를 총 2개 만든다

2 몸판과 안단의 어깨와 옆선을 봉합한다

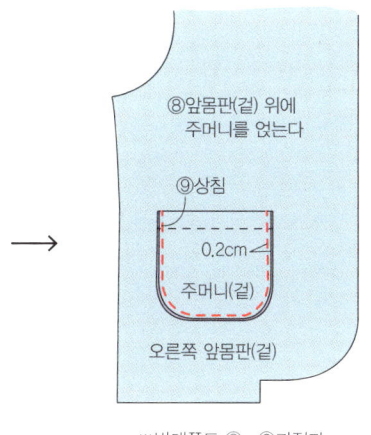

※반대쪽도 ⑧~⑨과정과 같은 방법으로 만든다

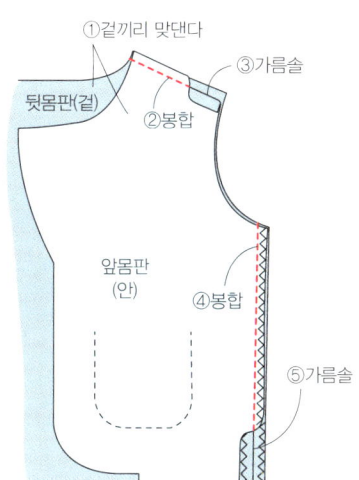

16. 재킷

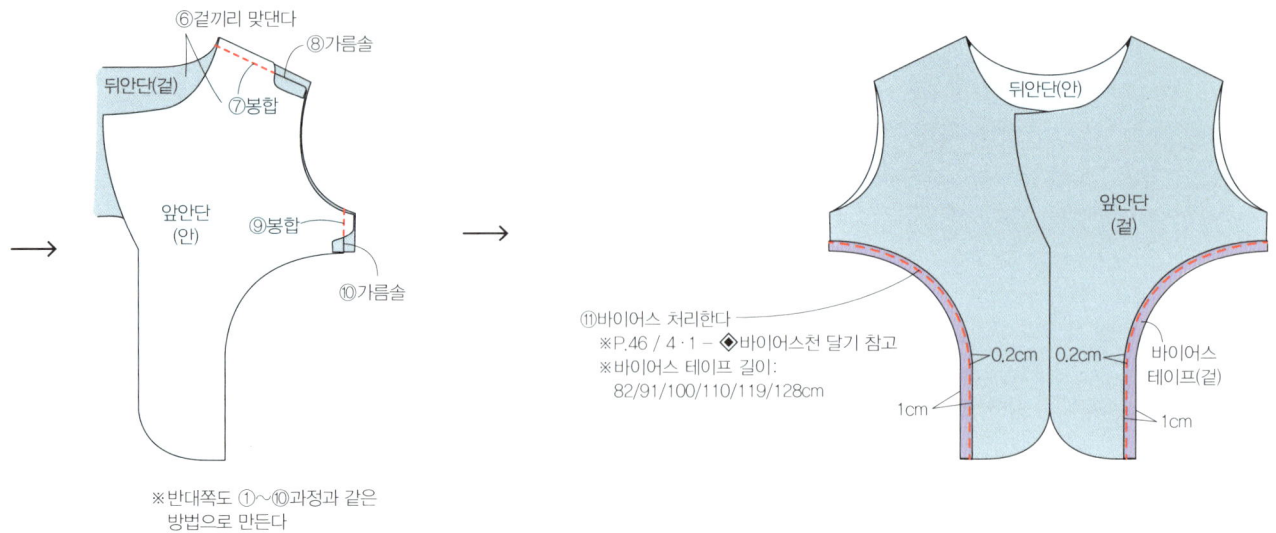

3 칼라를 만든다

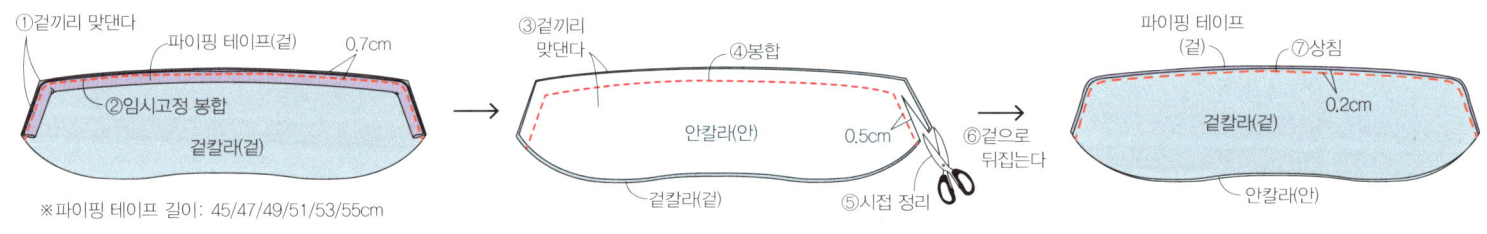

4 몸판에 칼라와 안단을 단다

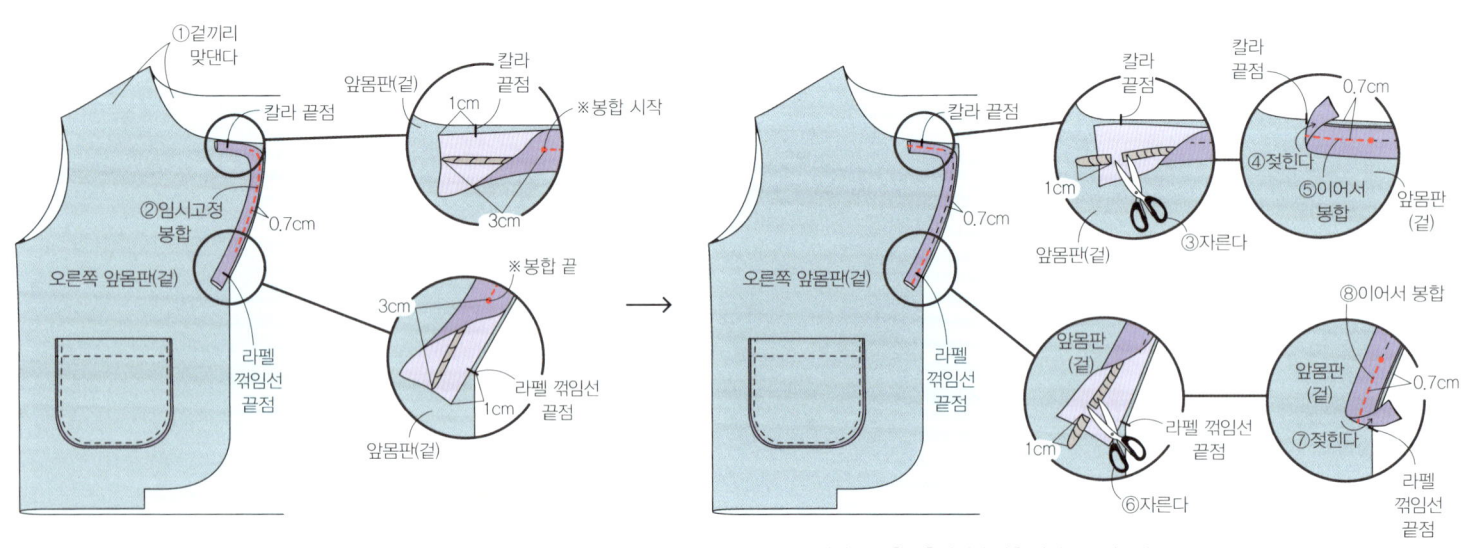

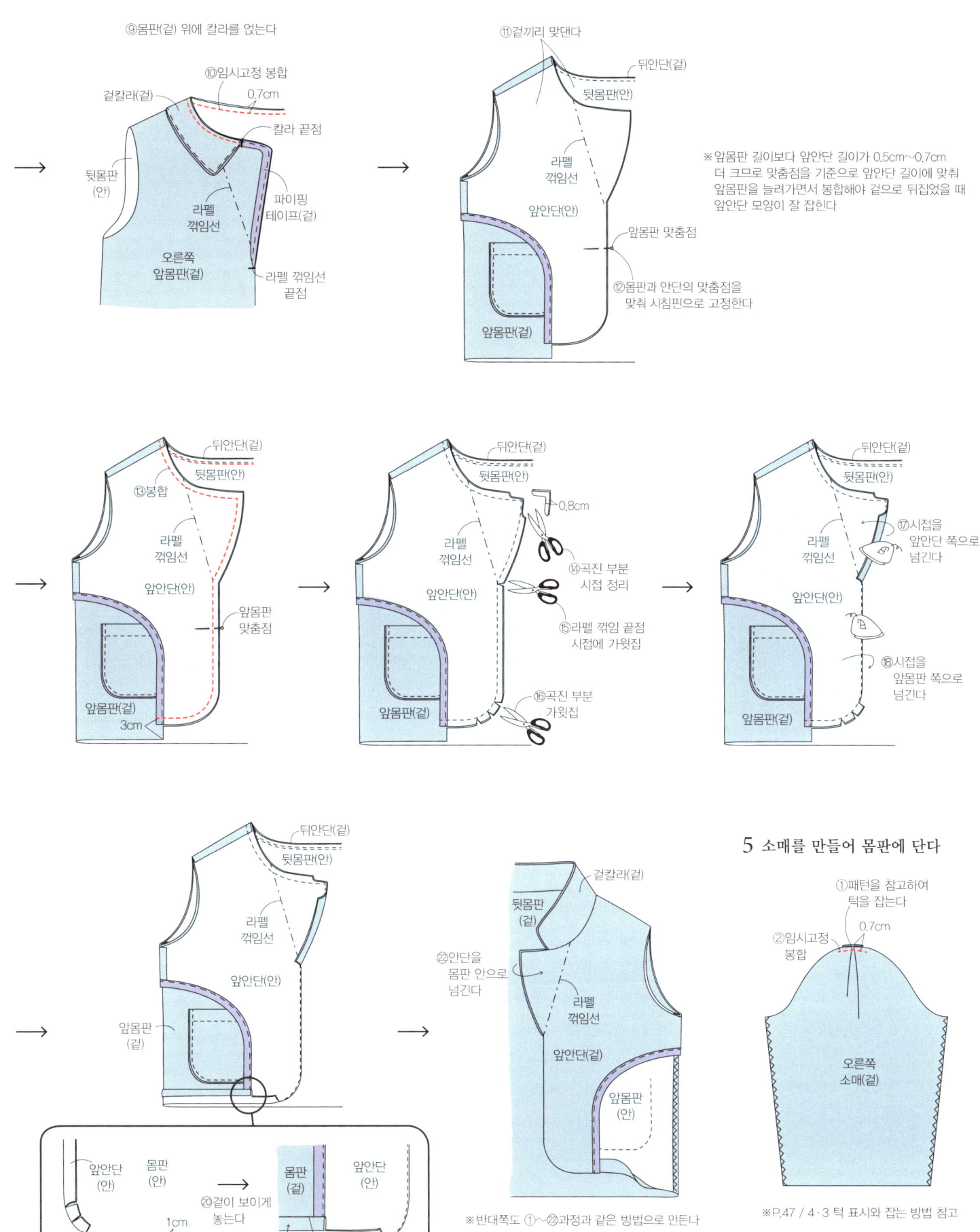

16. 재킷

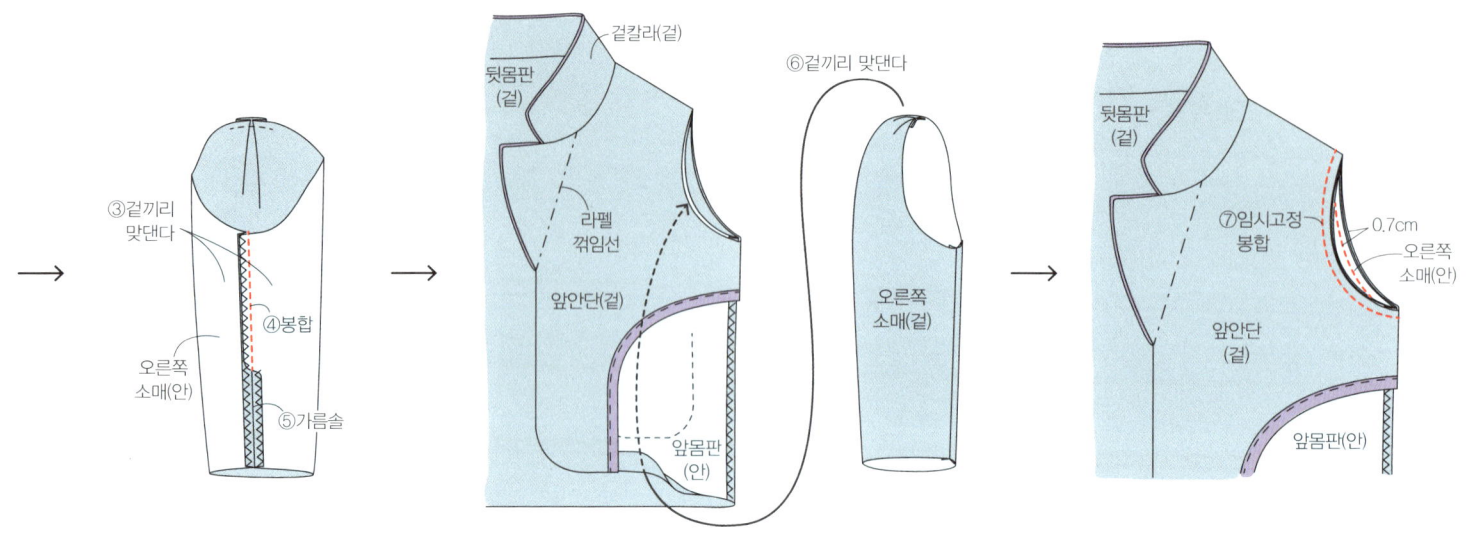

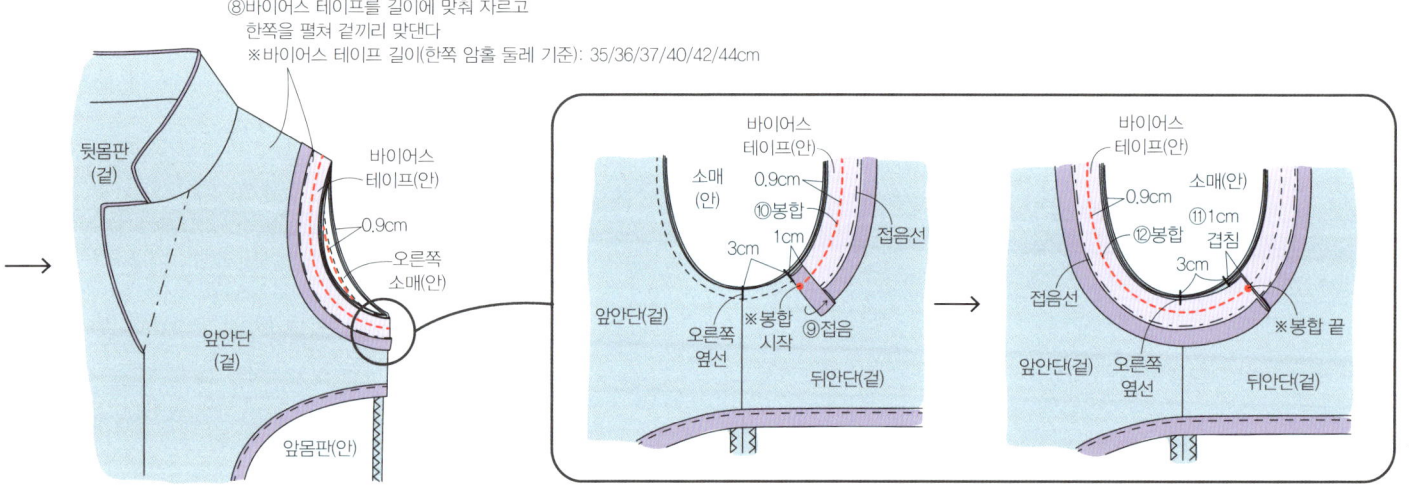

6 몸판과 소매의 밑단을 정리한다

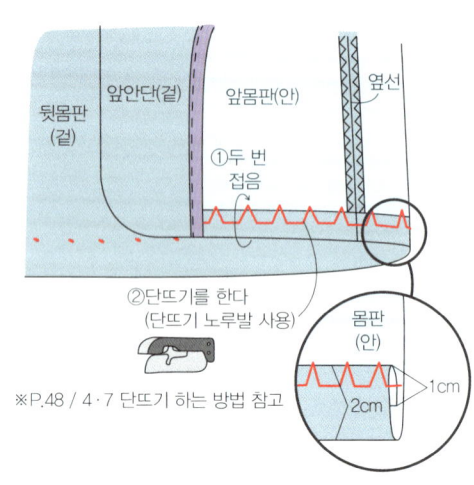

7 칼라를 정리한다

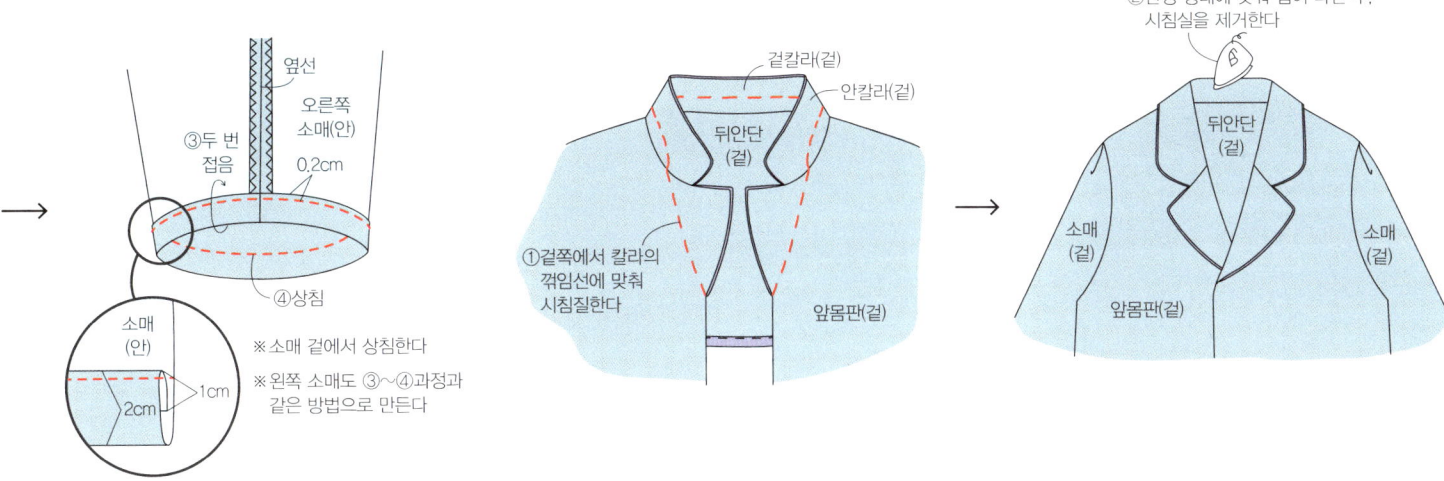

8 몸판에 단춧구멍을 뚫고 단추를 단다

※P.49 / 4·9 단춧구멍 만들기와 단추 달기 참고

Finish

17. 반바지 photo … p.23

● 완성 사이즈

사이즈	80	90	100	110	120	130
옷길이	28	30.5	32.5	35	37	39
엉덩이둘레	58.5	62.5	66	70	73.5	77.5

● 재료
- 겉감 … 140cm폭 x 90cm
- 소잉심지 … 90cm폭 x 30cm
- 1.2cm폭 소잉테이프 심지 … 1팩
- 3cm폭 고무줄 … 1팩

● 패턴에 대해서
- 패턴 면수 … D면의 [17] 패턴을 사용합니다.
- 사용 패턴 … 앞팬츠, 뒤팬츠, 허리벨트, 손등감, 손바닥감, 뒷주머니

● 재단 배치도
- 지정 이외의 시접은 1cm.
- ▨ 부분에 소잉심지를 붙인다
- ▨ 부분에 소잉테이프 심지를 붙인다
- ∿ 표시된 부분은 지그재그봉제 또는 오버록 처리한다

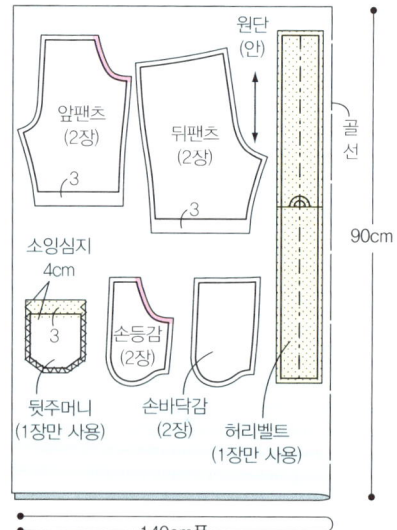

● 만드는 순서

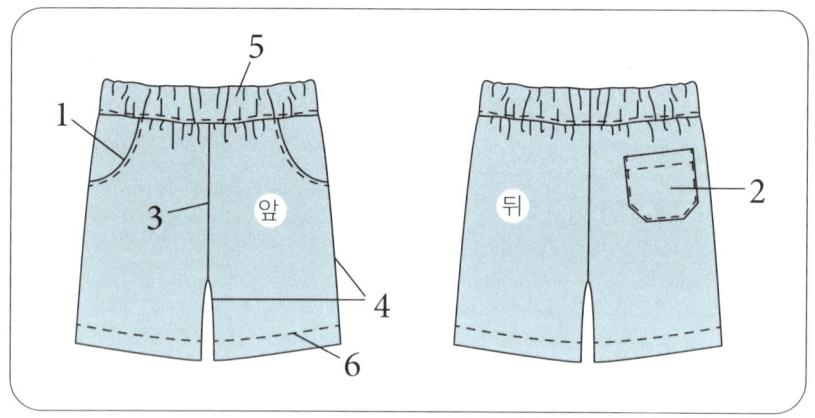

● 만드는 방법
- 치수가 기재되어 있지 않은 곳은 1cm로 봉합합니다.

1 앞팬츠에 옆선 주머니를 단다

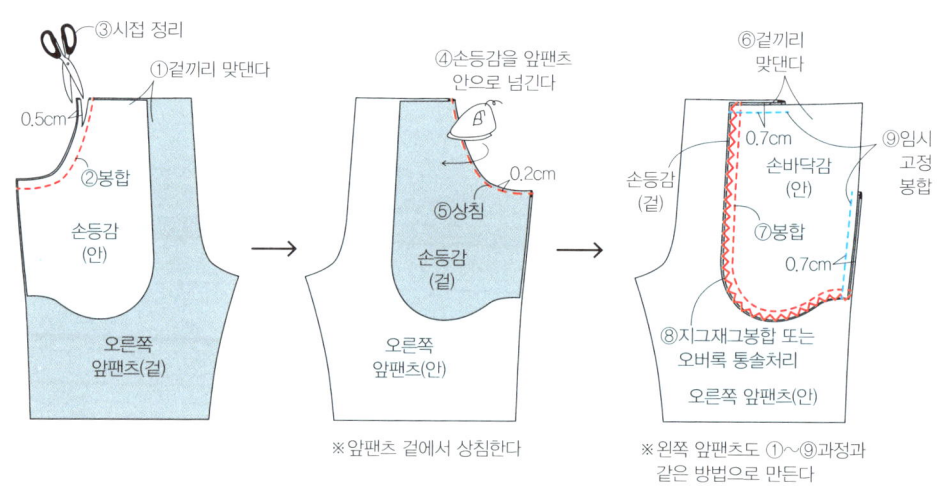

2 뒷주머니를 만들어 뒤팬츠에 단다

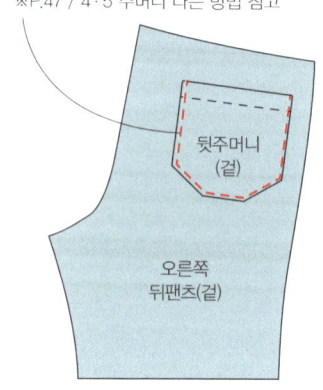

3 팬츠의 밑위둘레를 봉합한다

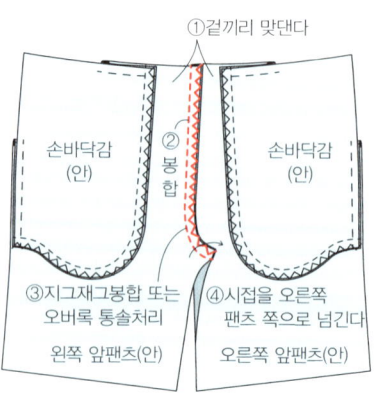

17. 반바지

4 팬츠의 옆선과 밑아래둘레를 봉합한다

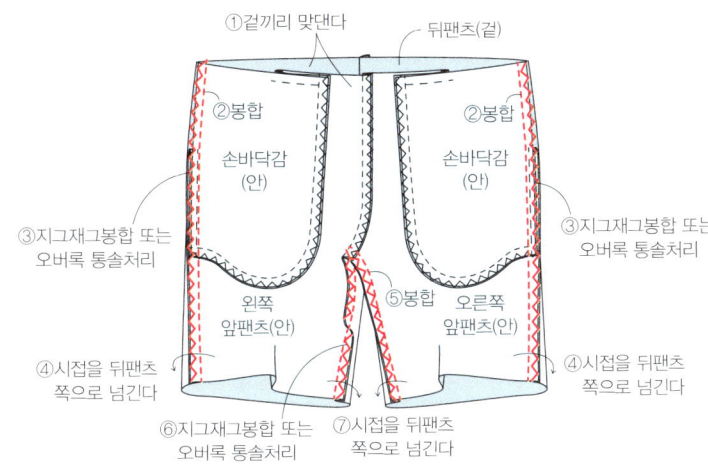

5 허리벨트를 만들어 팬츠에 단다

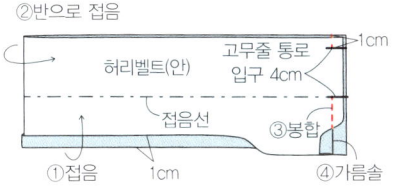

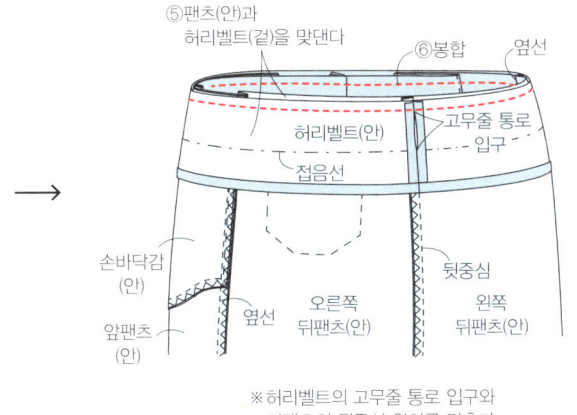

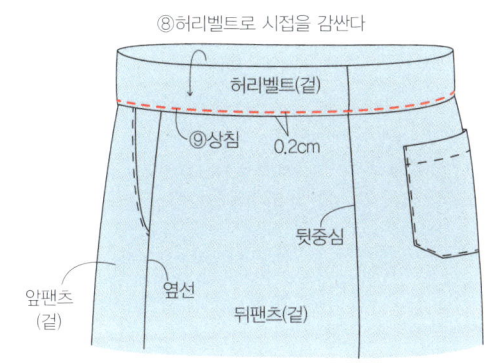

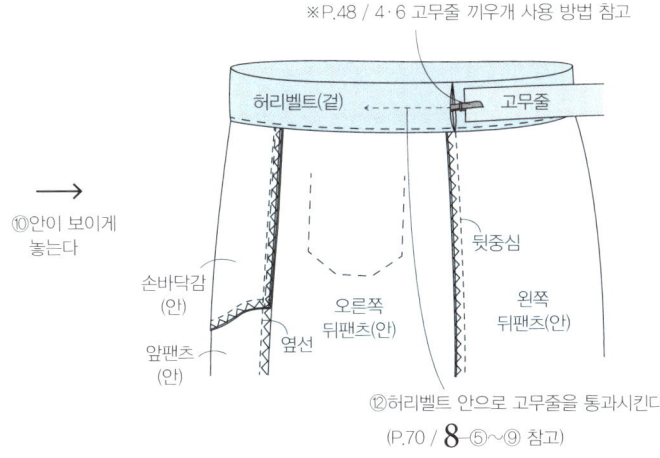

6 팬츠의 밑단을 정리한다 (P.82 / 5─①~② 참고)

Finish

18. 누빔재킷 photo … p.24

● 완성 사이즈

사이즈	80	90	100	110	120	130
가슴둘레	74	78	82	86	90	94
옷길이	33	36.5	39.5	43	46.5	49.5
소매길이	17.5	21.5	25	29.5	33.5	37.5

● 재료
- 겉감 … 100cm폭 x 180cm
- 약 1cm(완성폭) 바이어스 테이프 … 2팩
- 2.3cm폭 단추 … 3개

● 패턴에 대해서
- 패턴 면수 … B면의 [18] 패턴을 사용합니다.
- 사용 패턴 … 앞몸판, 뒷몸판, 소매, 주머니

● 재단 배치도
- 지정 이외의 시접은 1cm.
- 부분에 소잉심지를 붙인다

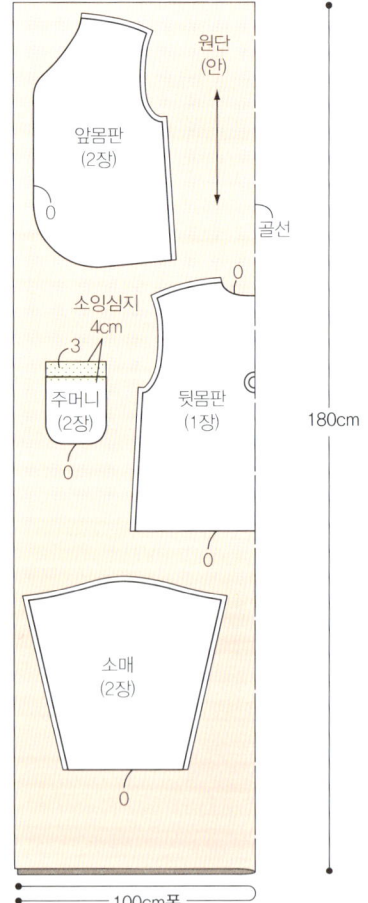

● 만드는 순서

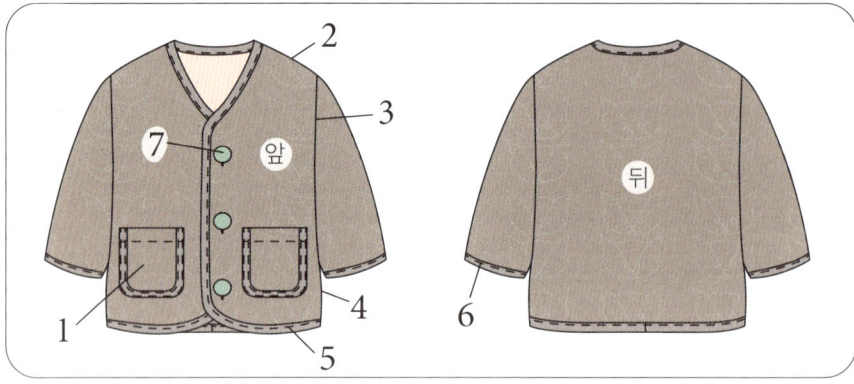

● 만드는 방법
- 치수가 기재되어 있지 않은 곳은 1cm로 봉합합니다.
- 바이어스 테이프의 길이는 필요한 길이보다 여유 있게 기재되어 있습니다.
  다는 곳의 길이에 맞춰 여분을 잘라서 사용해주세요.

1 주머니를 만들어 앞몸판에 단다

①바이어스 테이프를 길이에 맞춰 자르고 한쪽을
 펼쳐 주머니(안)과 바이어스 테이프(겉)을 맞댄다
 ※바이어스 테이프 길이: 40/42/44/46/48/50cm

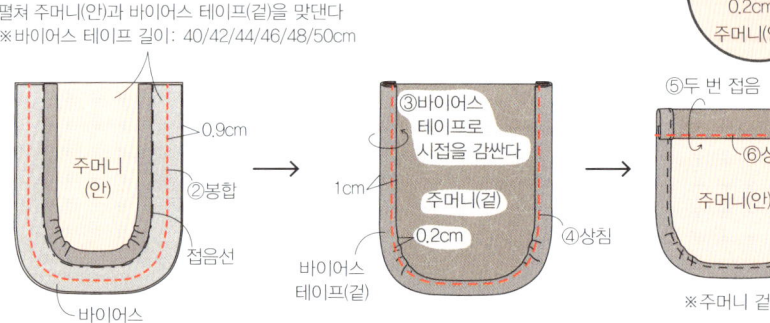

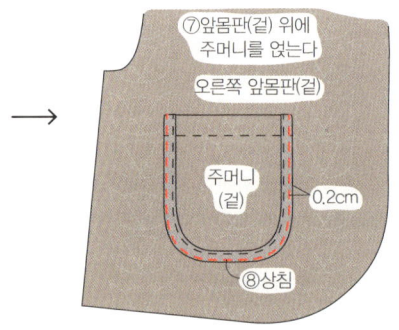

※반대쪽도 ①~⑧과정과 같은 방법으로 만든다

2 몸판의 어깨를 봉합한다
(P.58 / 2—①~④ 참고)

3 몸판에 소매를 단다
(P.58 / 4—①~④ 참고)

4 몸판과 소매의 옆선을 한 번에 이어서 봉합한다
(P.59 / 5—①~④ 참고)

5 몸판의 바깥둘레를 바이어스 처리한다
(P.53 / 5—①~⑦ 참고)
※바이어스 테이프 길이: 175/185/195/205/215/225cm

6 소매의 밑단을 바이어스 처리한다
(P.54 / 6—①~⑦ 참고)
※바이어스 테이프 길이(한쪽 소매 기준): 25/26/27/28/29/30cm

7 몸판에 단추를 단다

①왼쪽에 단춧구멍을 뚫고
 오른쪽에 단추를 단다
 ※P.49 / 4·9 단춧구멍
 만들기와 단추 달기 참고

Finish

19. 기저귀 파우치   photo … p.26

- ●완성 사이즈
  - 20cm(가로)×31cm(세로)

- ●재료
  - 겉감 … 110cm폭 x 45cm
  - 안감 … 110cm폭 x 45cm
  - 소잉심지 … 110cm폭 x 45cm
  - 1.3cm폭 T단추 … 2쌍

- ●패턴에 대해서
  - 패턴 면수 … A면의 [19] 패턴을 사용합니다.
  - 사용 패턴 : 겉앞몸판, 겉뒷몸판, 안앞몸판, 안뒷몸판

- ●재단 배치도
  - 지정 이외의 시접은 1cm.
  - ▨ 부분에 소잉심지를 붙인다
  - 소품은 원단의 식서 방향 상관없이 재단이 가능합니다

- ●만드는 방법
  - 치수가 기재되어 있지 않은 곳은 1cm로 봉합합니다.

1 몸판을 만든다

2 몸판을 연결한다

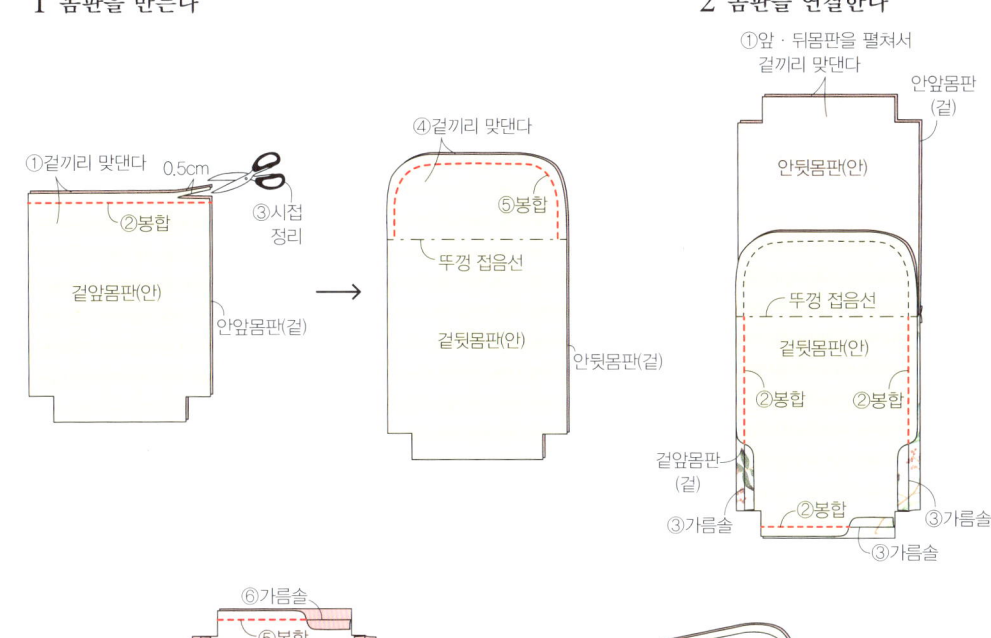

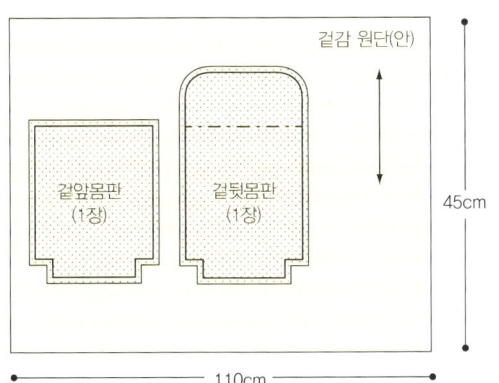

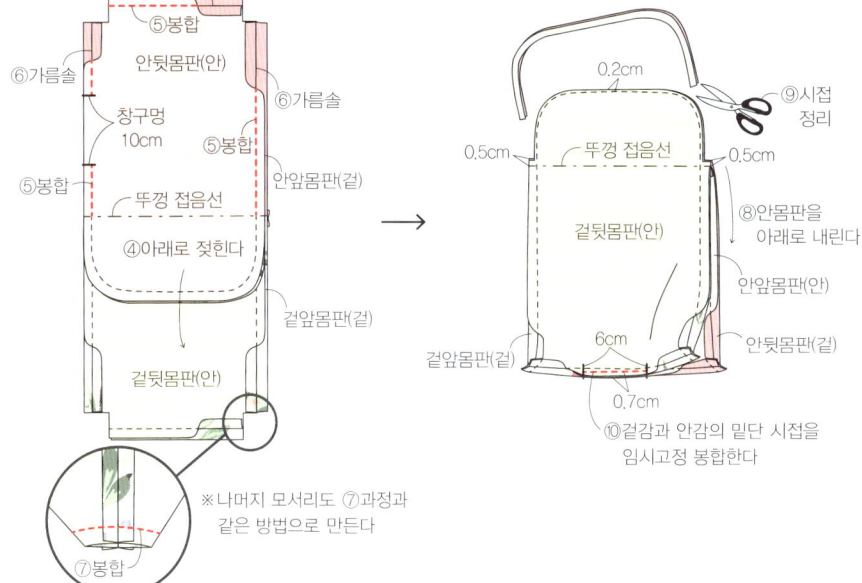

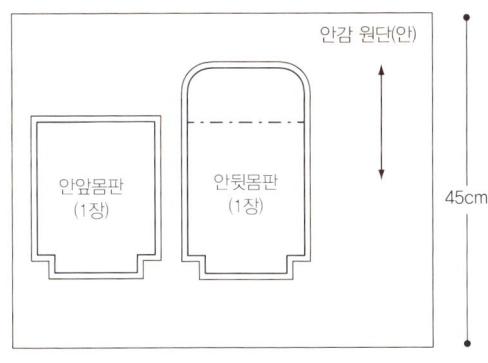

3 몸판을 정리하고 T단추를 단다

- ●만드는 순서

Finish

※P.49 / 4·10 - ◆T단추 달기 참고

95

20. 패브릭 바구니(2종) photo … p.28

● 완성 사이즈
- [소 사이즈] 20cm(가로)×17cm(세로)
- [중 사이즈] 25cm(가로)×20cm(세로)

● 재료
- (소 사이즈)겉·안감 … 130cm폭 × 90cm
- (중 사이즈)겉·안감 … 130cm폭 × 90cm
- (공통)3cm폭 웨이빙끈 … 1팩

● 패턴에 대해서

[소 사이즈]
- 패턴 면수 … D면의 [20] 패턴을 사용합니다.
- 사용 패턴 … 겉몸판, 겉바닥감, 안몸판, 안바닥감

[중 사이즈]
- 패턴 면수 … D면의 [20] 패턴을 사용합니다.
- 사용 패턴 … 겉몸판, 겉바닥감, 안몸판, 안바닥감

● 재단 배치도
- 지정 이외의 시접은 1cm.
- 소품은 원단의 식서 방향 상관없이 재단이 가능합니다

[소 사이즈]

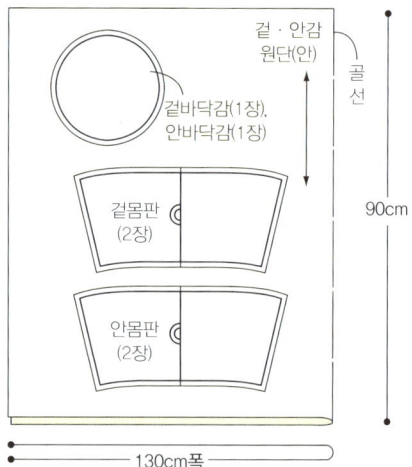

[중 사이즈]

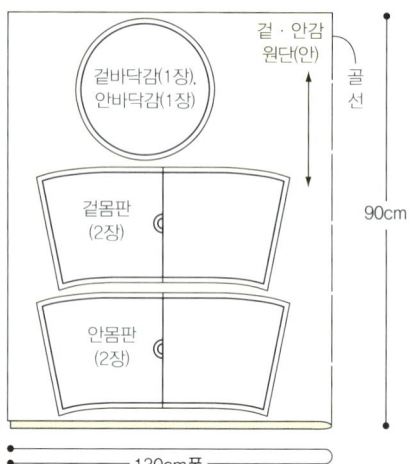

● 만드는 순서

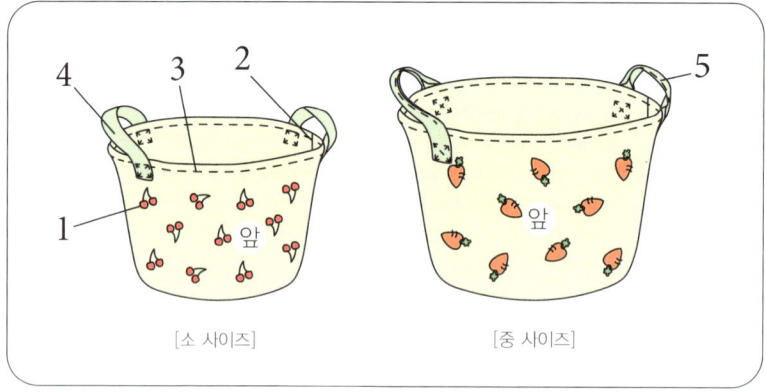

● 만드는 방법
- 치수가 기재되어 있지 않은 곳은 1cm로 봉합합니다.
- 소 사이즈는 1~4번 과정 순서대로 만들고, 중 사이즈는 1~3, 5번 과정 순서대로 만들어 주세요.

1 겉몸판에 자수를 놓는다

①겉몸판(겉)에 원하는 위치에 자수를 놓는다

※나머지 겉몸판도 ①과정과 같은 방법으로 만든다

2 몸판을 만든다

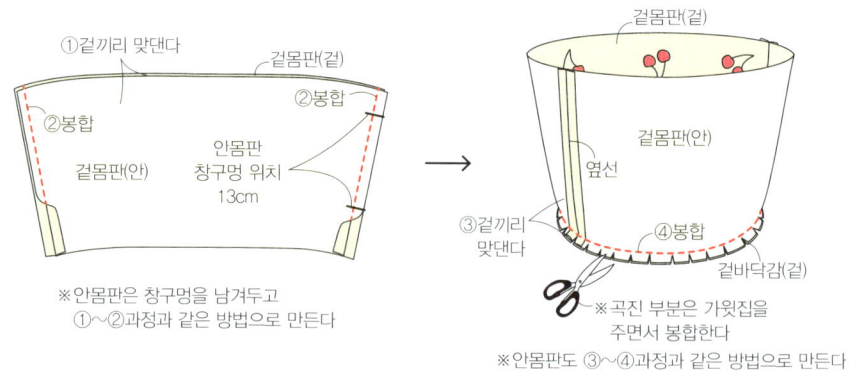

3 겉·안감을 연결한다

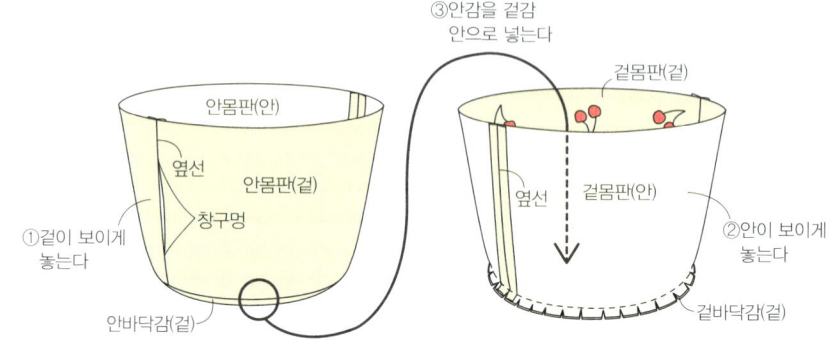

20. 패브릭 바구니(2종)

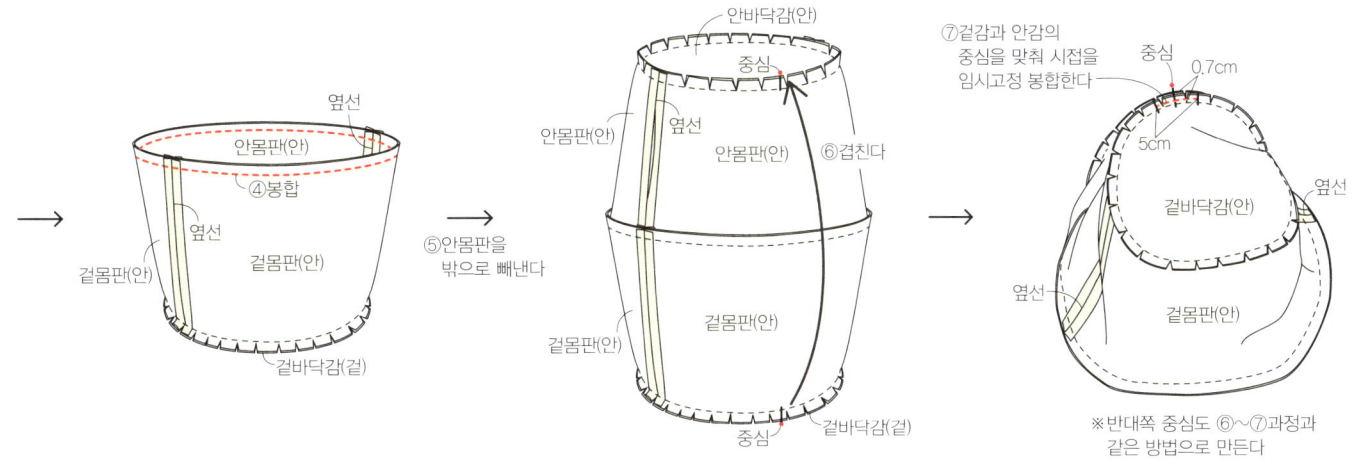

4 겉몸판에 손잡이를 단다(소 사이즈)

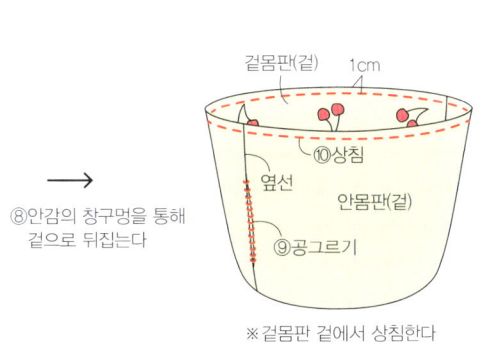

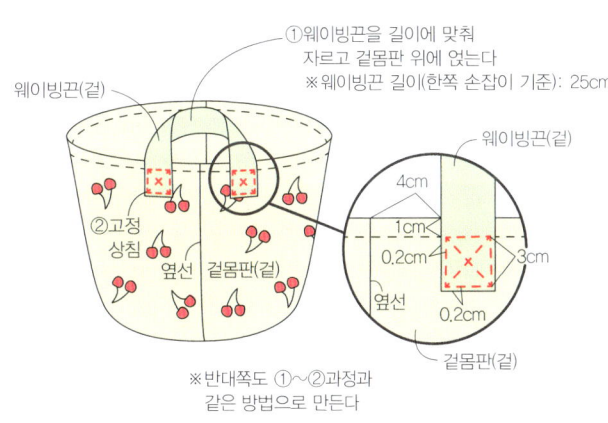

5 겉몸판에 손잡이를 단다(중 사이즈)

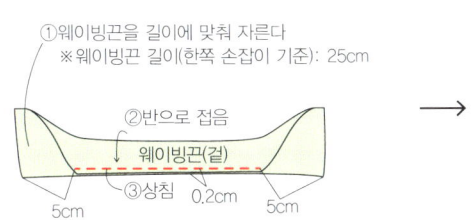

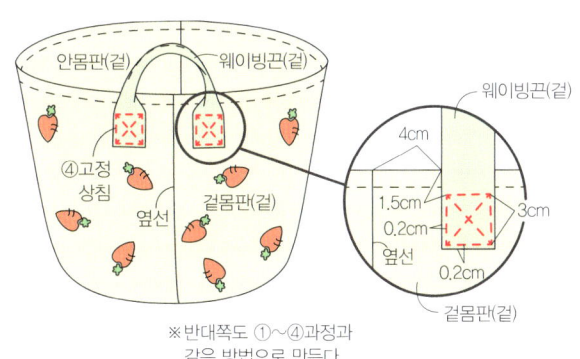

Finish [소 사이즈]

Finish [중 사이즈]

21. 블랭킷 photo ··· p.29

- **완성 사이즈**
  - 120cm(가로)×88cm(세로)

- **재료**
  - 자수 원단 ··· 150cm폭 x 110cm
  - 무지 원단 ··· 150cm폭 x 110cm
  - 1.2cm폭 레이스 ··· 5마

- **재단 배치도**
  - 지정 이외의 시접은 1cm.
  - 앞몸판, 뒷몸판은 직접 제도하여 사용합니다
  - 소품은 원단의 식서 방향 상관없이 재단이 가능합니다

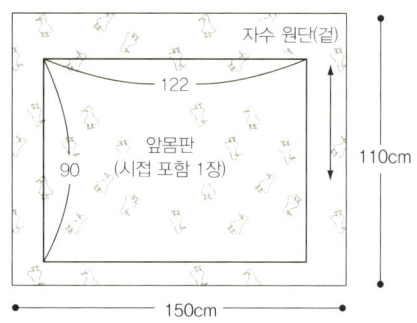

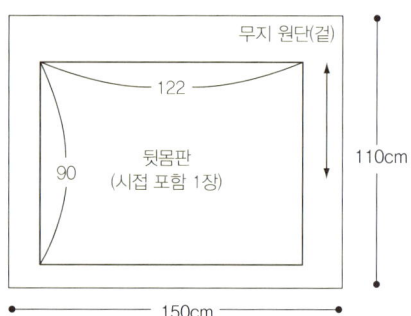

- **만드는 방법**
  - 치수가 기재되어 있지 않은 곳은 1cm로 봉합합니다.

1 몸판에 레이스를 단다

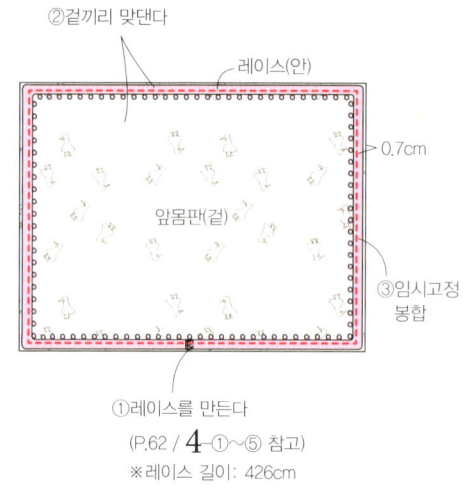

※레이스 길이: 426cm

2 몸판을 만든다

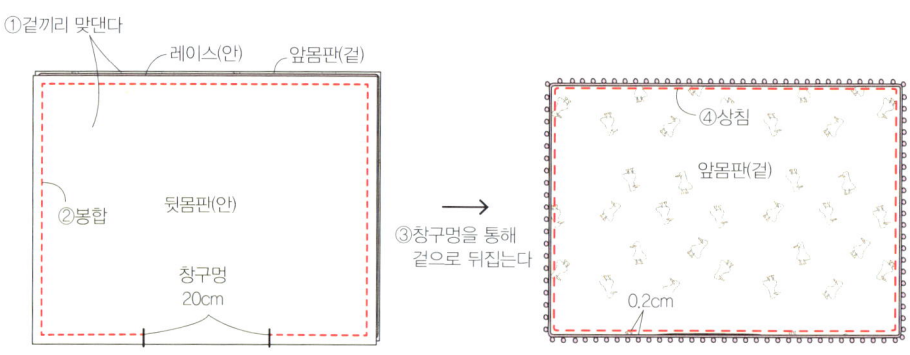

- **만드는 순서**

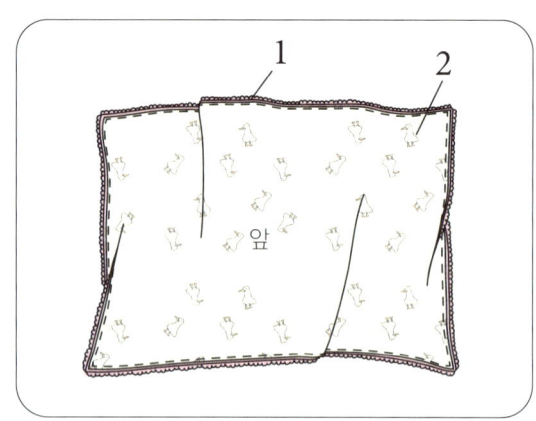

Finish

22. 납작 크로스백 photo … p.30

● 완성 사이즈
· 17cm(가로) × 10cm(세로)

● 재료
· 겉 · 안감 … 130cm폭 × 45cm
· 소잉심지 … 110cm폭 × 45cm
· 와펜 … 1개
· 1.3cm폭 T단추 … 1쌍

● 패턴에 대해서
· 패턴 면수 … C면의 [22] 패턴을 사용합니다.
· 사용 패턴 : 겉몸판, 겉뚜껑감, 안몸판, 안뚜껑감

● 재단 배치도
· 지정 이외의 시접은 1cm.
· ░░ 부분에 소잉심지를 붙인다
· 끈감은 직접 제도하여 사용합니다
· 소품은 원단의 식서 방향 상관없이 재단이 가능합니다

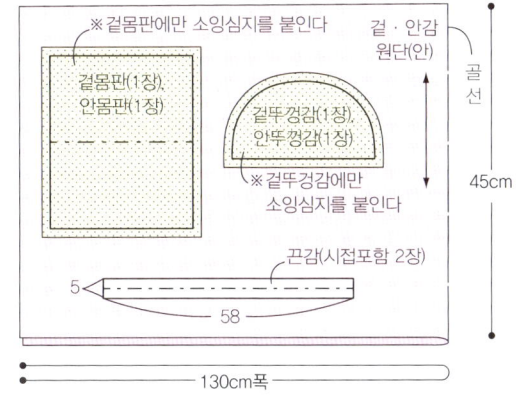

● 만드는 방법
· 치수가 기재되어 있지 않은 곳은 1cm로 봉합합니다.

1 뚜껑감을 만들어 겉몸판에 단다

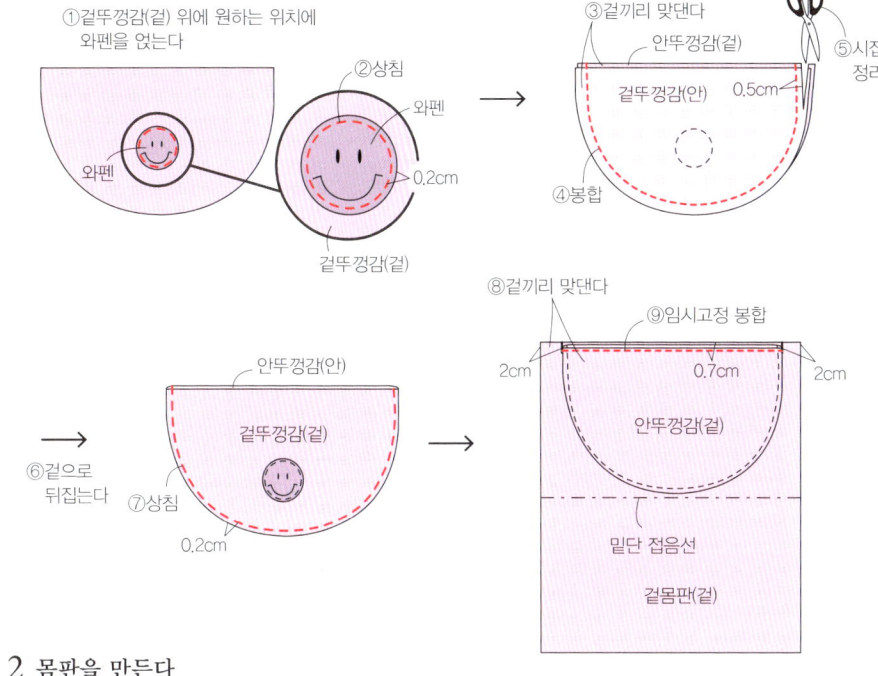

2 몸판을 만든다

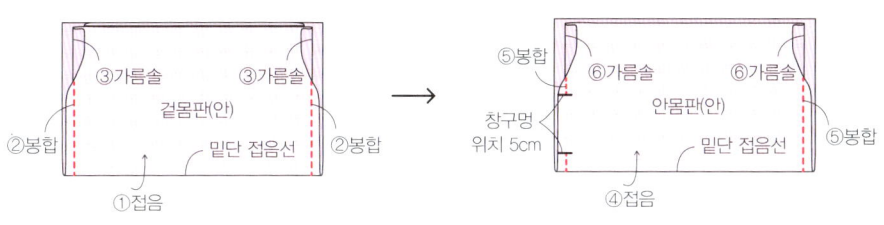

● 만드는 순서

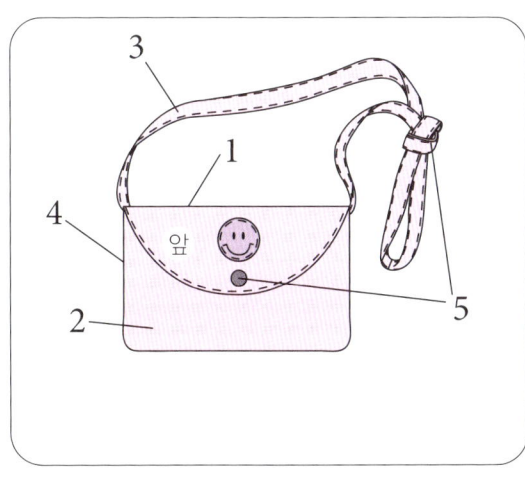

3 끈감을 만들어 몸판에 단다

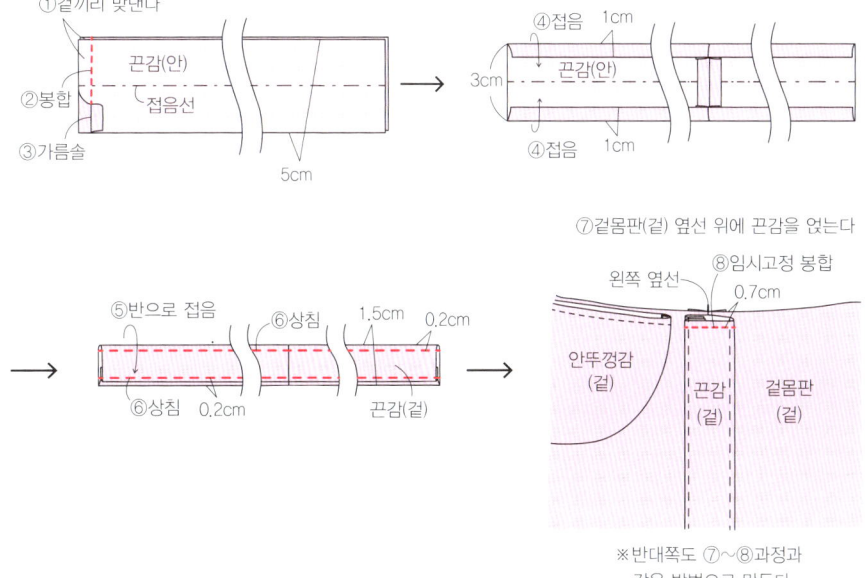

※ 반대쪽도 ⑦~⑧과정과 같은 방법으로 만든다

22. 납작 크로스백

4 겉·안몸판을 연결한다

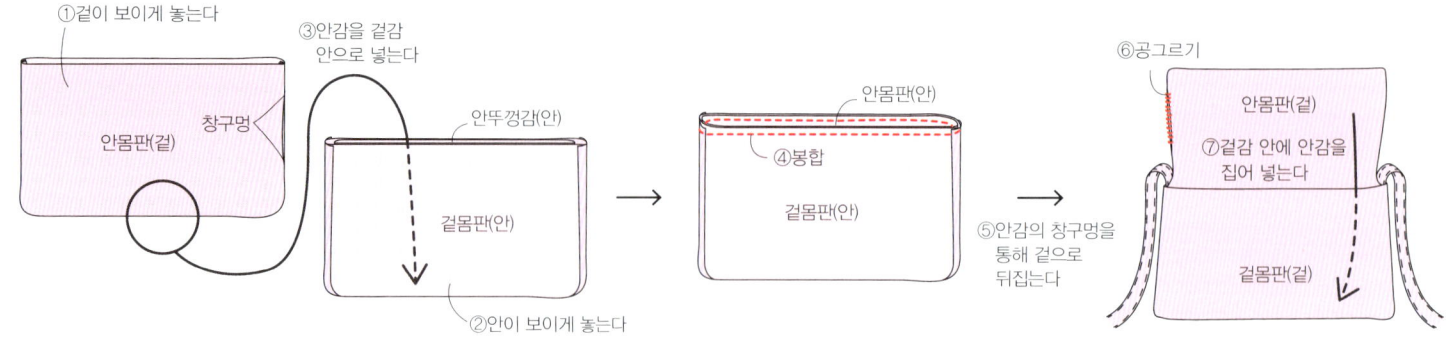

5 뚜껑감과 몸판에 T단추를 달고, 끈감을 정리한다

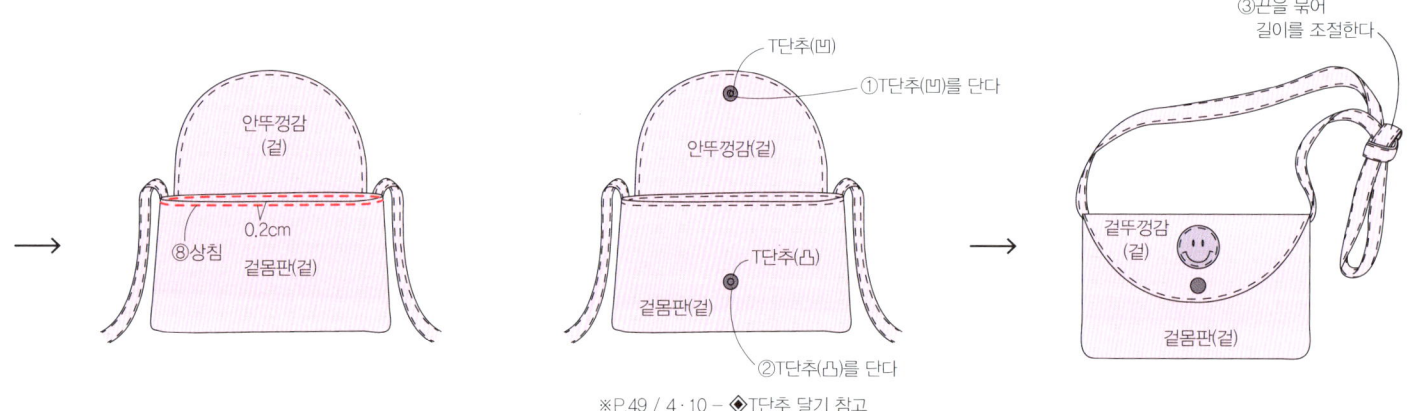

※P.49 / 4·10 – ◆T단추 달기 참고

Finish

23. 백팩 photo ··· p.31

● 완성 사이즈
· 30cm(가로)×25cm(세로)×15cm(폭)

● 재료
· 겉감 ··· 110cm폭 × 90cm
· 소잉심지 ··· 110cm폭 × 45cm
· 안감심지 ··· 110cm폭 × 90cm
· 보강심지(푸딩) ··· 50cm폭 × 50cm
· 약 1.5cm(완성폭) 바이어스 테이프 ··· 1팩
· 3cm폭 웨이빙끈 ··· 1팩
· 3cm폭 길이조절 고리 ··· 2개
· 3cm폭 사각링 ··· 2개
· 1.8cm폭 자석단추 ··· 2쌍

● 패턴에 대해서
· 패턴 면수 ··· D면의 [23] 패턴을 사용합니다.
· 사용 패턴 ··· 앞몸판, 뒷몸판, 옆몸판, 뚜껑감, 앞주머니, 앞주머니 덮개감, 뒷몸판 덮개감, 어깨끈감용 보강심지(푸딩)

● 재단 배치도
· 지정 이외의 시접은 1cm.
· ▦ 부분에 소잉심지를 붙인다
· ▦ 부분에 안감심지를 붙인다
· 어깨끈감은 직접 제도하여 사용합니다
· 원단(겉)의 무늬가 정방향으로 보이게 놓은 상태에서 재단합니다

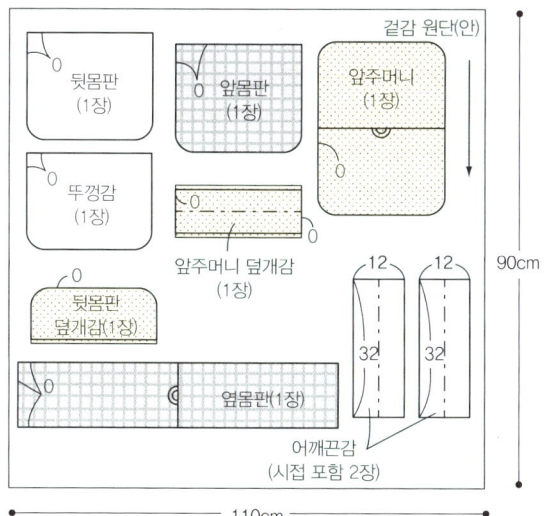

※ 안감심지 재단·부착 방법 P.45 / 3·13 참고
※ 보강심지(푸딩) 재단 방법 P.45 / 3·13 참고
※ 보강심지(푸딩) 사용 방법은 봉제 후, 집어 넣는 방법으로 제작설명서 4번 과정에 기재되어 있습니다.

● 만드는 순서

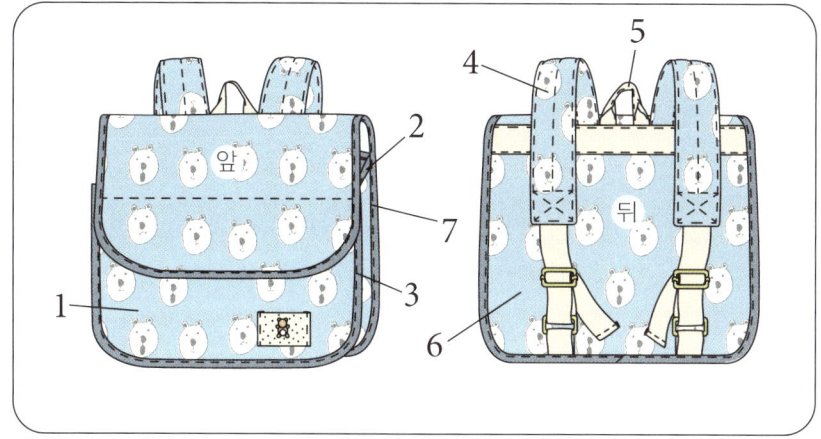

● 만드는 방법
· 치수가 기재되어 있지 않은 곳은 1cm로 봉합합니다.
· 바이어스 테이프의 길이는 필요한 길이보다 여유 있게 기재되어 있습니다. 다는 곳의 길이에 맞춰 여분을 잘라서 사용해주세요.
· 제작설명서에서 앞몸판, 뒷몸판, 옆몸판의 안감심지를 부착한 면은 쉬운 이해를 돕기 위해 해당 부위명(안)으로 대체하여 설명합니다.

1 앞몸판을 만든다

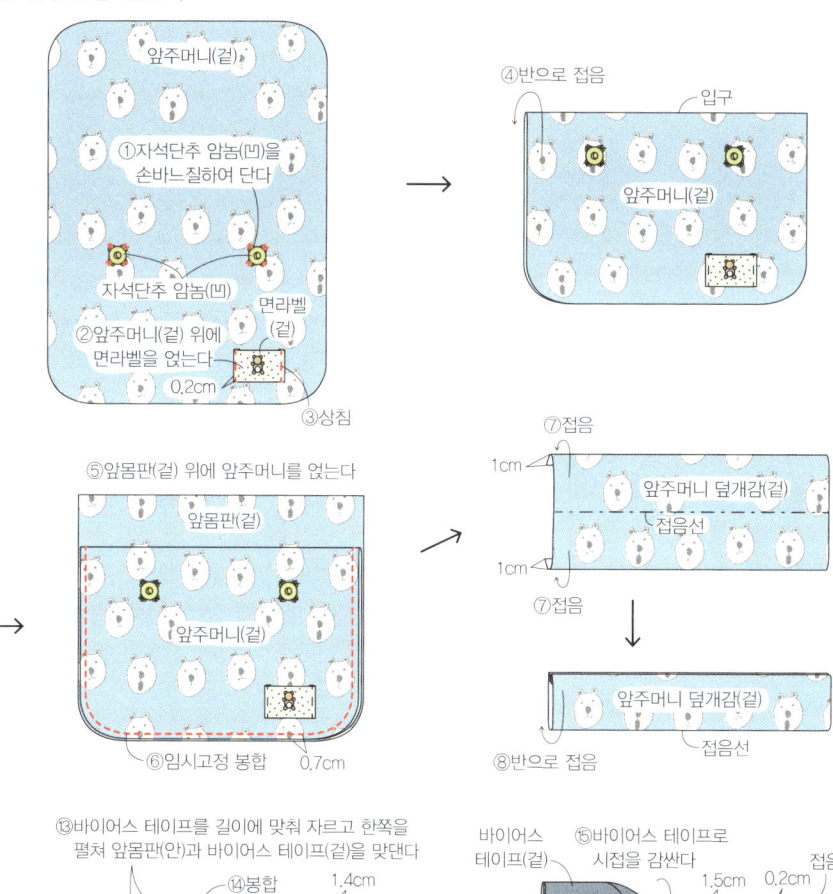

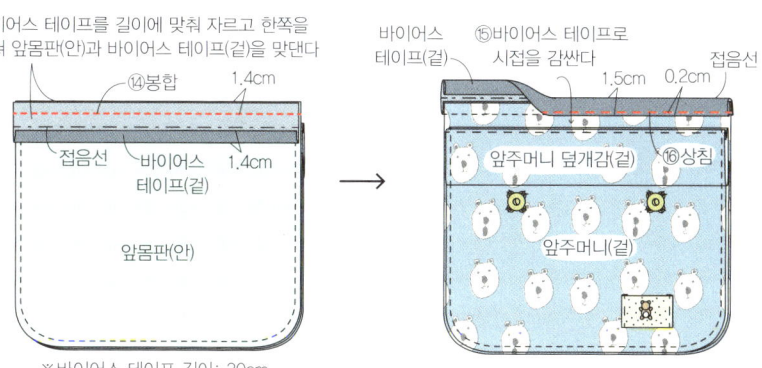

23. 백팩

2 옆몸판을 만든다

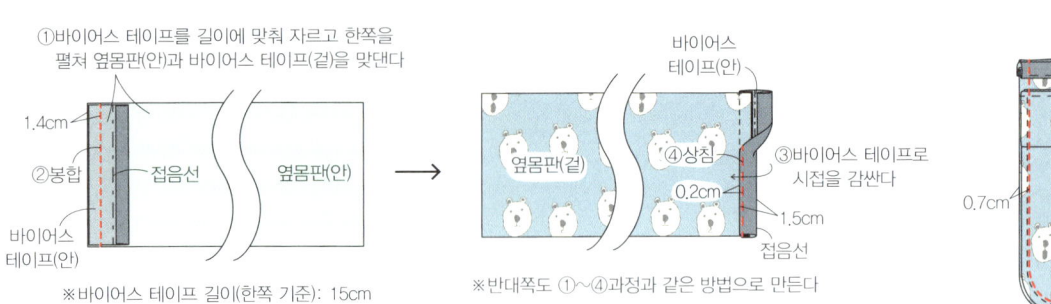

3 앞몸판에 옆몸판을 연결한다

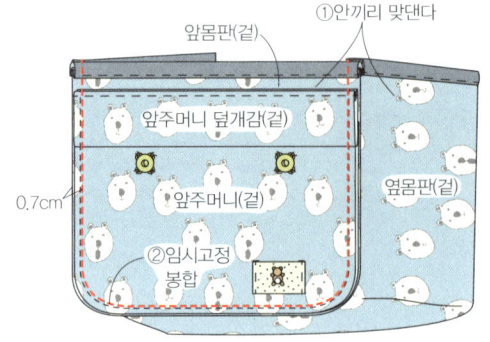

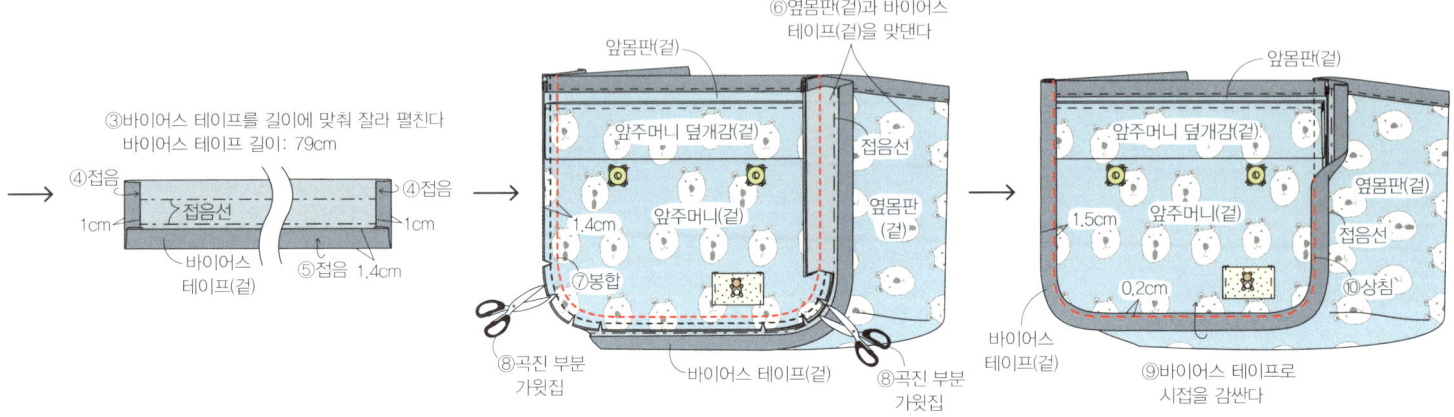

4 어깨끈을 만든다

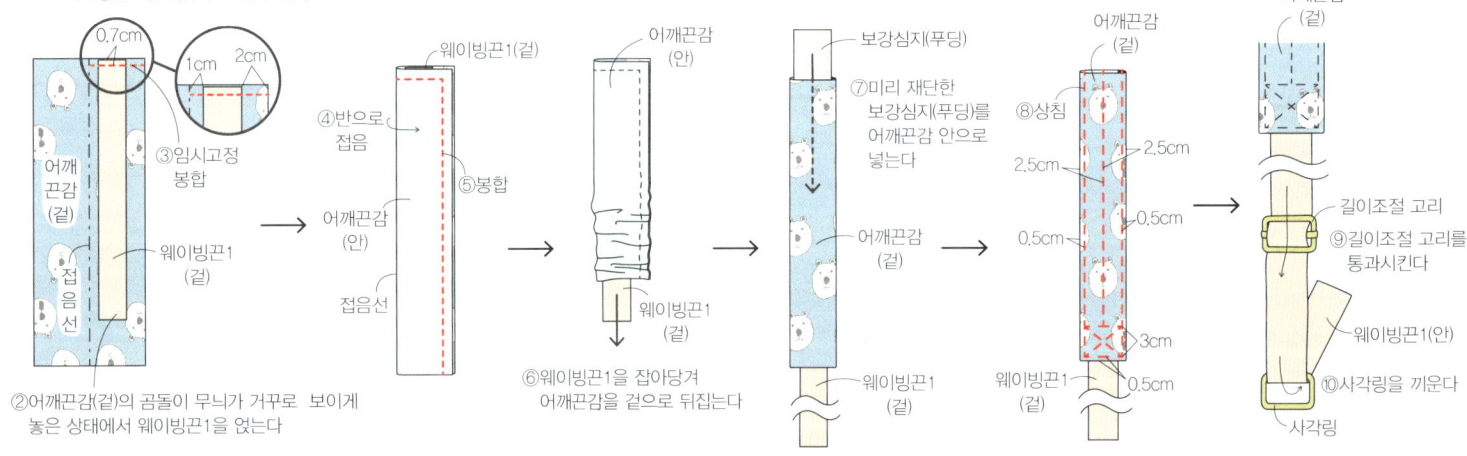

5 손잡이끈을 만든다 (P.97 / 5-①~③ 참고)
※웨이빙끈2(손잡이끈용) 길이: 17cm

6 뒷몸판을 만든다

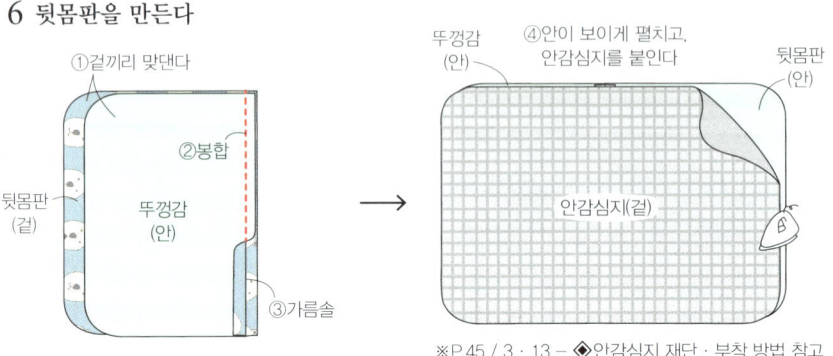

※P.45 / 3·13 - ◆안감심지 재단·부착 방법 참고

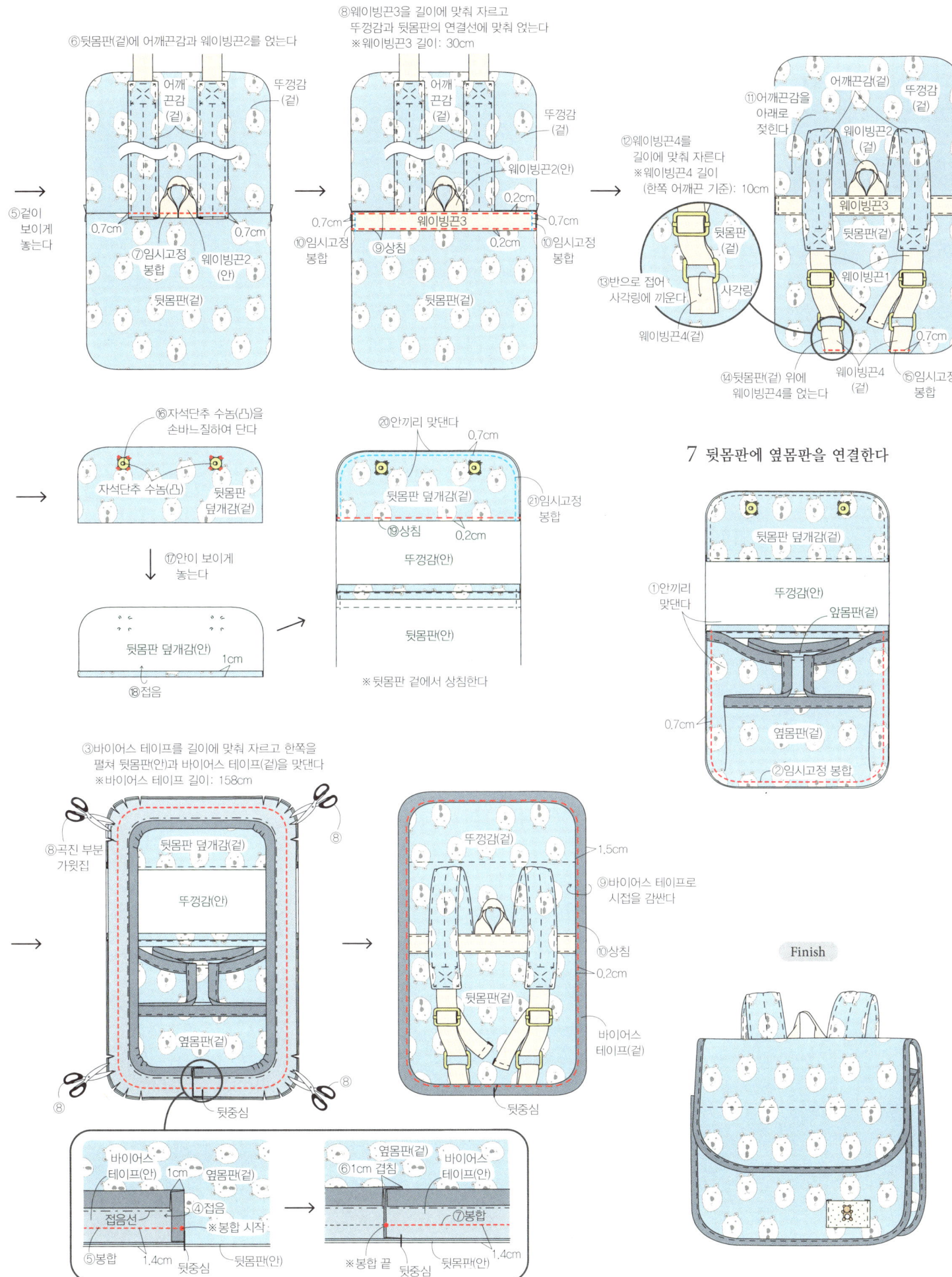

7 뒷몸판에 옆몸판을 연결한다

Finish

최미경

대학에서 텍스타일디자인과를 졸업하고, 조교로 2년 정도 일했다. 12년 전 아시아머신소잉협회(AMSA) 소잉마이스터 자격을 취득. 현재 협회에서 베이비소잉 분과장과 이사, 소잉 작가와 재봉틀로 하는 바느질 전문 강사로 활동하고 있다. 현재 <줌마의 미싱가게>를 10년째 운영 중이다.

[블 로 그] https://blog.naver.com/jumma76
[인스타그램] jumma_the_sewing
[연 락 처] 줌마의 미싱가게
충청남도 예산군 예산읍 예산로176번길 4-1
041-332-8164

SEWING HARUE Vol.29

우리 아이를 위한
특별한 핸드메이드 옷과 소품

초판 1쇄 인쇄　　2021년 10월 29일
초판 1쇄 발행　　2021년 11월 09일

발행인	정용효	등록번호	제 2016-000002호
저자	최미경	등록일자	2016년 01월 26일
기획/제작	이슬희, 윤효인	발행처	주)핸디스 소잉스토리
감수	브라이언		광주광역시 북구 서암대로 133 (신안동), 3층
편집디자인	전하리	대표전화	062_513_8957
일러스트	이슬희, 윤효인	팩스	062_515_8827
패턴제작	소잉컨텐츠	문의전화	070_8893_9218
패턴편집	이슬희		

소잉스토리는
소잉D.I.Y 취미실용서를 출간합니다.
www.sewingstory.com

사진	Reina Ryu
모델	도준(남), 애니(여)
촬영장소	플립 스튜디오
인쇄	웰컴P&P

※ 본 책은 저작권법에 따라 보호받는 저작물이므로 무단전재와 무단복제를 금지하며, 이 책 내용의 전부 또는 일부를 이용하려면 반드시 저작권자 주)핸디스의 서면 동의를 받아야 합니다.

※ 본 책에 사용된 인쇄 용지는 표지-아르떼(210g), 내지-미스틱(105g), 모조지(120g)입니다.

※ 잘못 인쇄된 책은 구입처에서 교환해 드립니다.

PRINTED IN KOREA
ISBN 979-11-88062-41-6 13590
판매가 18,000원

Tiffany

바늘 끝에서 피어나는 아름다움

심플하고 세련된 외모와 독보적인 자수 사이즈로
가정용 자수기의 한계를 뛰어넘어
작품을 예술 그 자체로 만들어줍니다.

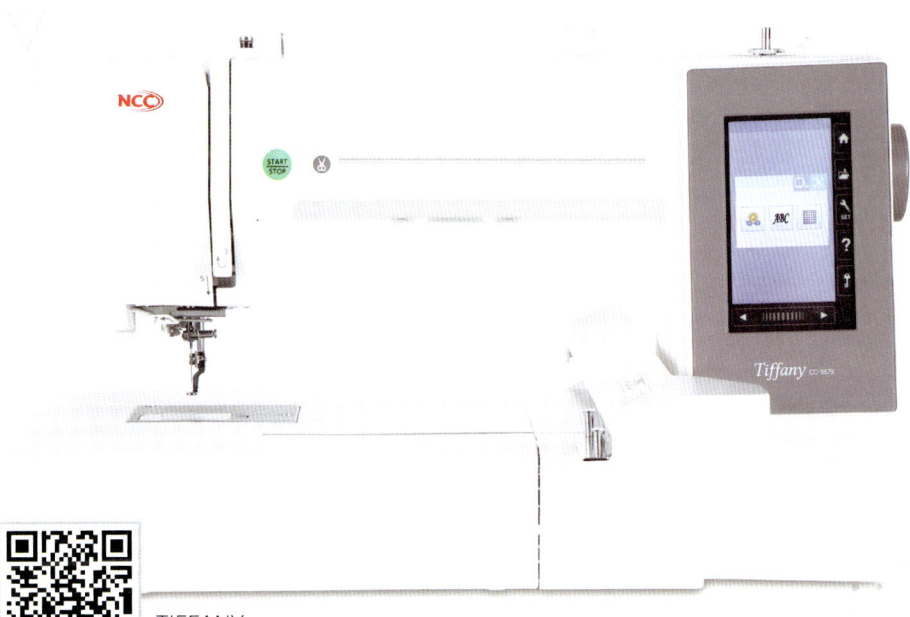

TIFFANY
자세히 알아보기

TIFFANY 특징

01 시크한 웜그레이 포인트 디자인

02 최대 자수 영역 200×360mm

03 최대 자수 속도 860SPM

04 180가지 실용적인 내장 자수 디자인

TIFFANY 기능

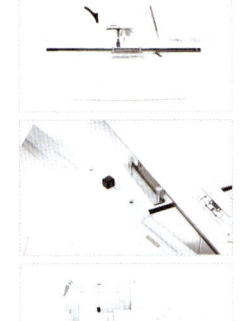

와이드 자수 캐리지
초대형 후프를
안전하게 지탱

자수틀 고정장치
더 간편하고 안정적인
레버 + 핀고정 방식

확장판 테이블
더 넓은 작업 공간

LED 조명
어두운 곳에서
더 빛나는 5개의
LED 조명 탑재

프리텐션 실가이드
윗실의 꼬임·빠짐을
방지하여 실공급을
원활하게

3곳의 사절 장치
가위 없이도
언제나 편리하게

Happy Bears
Sewing Notion

For your happy sewing

FROM HAPPY BEARS

직접 만들어서 더 의미있는 DIY 작품은 어떤 마음을 가지고 만드냐에 따라서 그 가치가 또 달라지는 것 같아요. 누군가를 걱정하고, 아끼고, 사랑하는 마음을 담아 완성 한다면 그 마음까지 함께 고스란히 전해지는 것이 손으로 직접 만드는 핸드메이드(HAND MADE)가 아닐까 생각됩니다 :)

해피베어스 역시 소잉 DIY를 하는 모든 사람들을 위하는 마음을 담아 소잉작업에 필요한 좋은 상품(Product)을 고민하여 보다 더 멋진 작품을 완성할 수 있고, 늘 즐겁고 행복한 작업시간을 가질 수 있도록 가치있고, 실용적인 다양한 소잉 부자재를 기획하는데 노력하고 있습니다.

01 꽃잎처럼 부드럽고 가벼운
라라실 (고급 날나리실)

다이마루, 저지, 수영복 원단 등 스판성 있는 원단을 봉제하거나 퀼팅 작업시 밑실 전용으로 사용하기 좋고, 가장자리 오버록 및 인터록 처리시 더욱 고급스럽게 마무리할 수 있습니다. 보송보송 부드러운 촉감으로, 아이들 피부에도 자극이 없습니다.

SIZE 약 바닥 3 X 높이 5cm
두께 및 길이 100D/2 / 약 350m
PRICE 2,700원/개

02 피부에 좋고, 지구에 좋은
오가닉 더블니트 바이어스테이프

무농약 유기재배 면으로 만들어진 부드러운 40수 양면 다이마루 원단으로 제작되었습니다. 아기나 피부가 약한 분들에게 최적인 소재로 다양한 곳에 안심하고 사용할 수 있습니다. 부드러운 촉감과 따뜻한 색감으로 사계절 내내 활용하기 좋습니다.

SIZE 완성 폭 1cm X 270cm
PRICE 3,800원/팩

03 귀엽고 사랑스러운 분위기 불어넣기
퐁퐁 솜방울 블레이드

스커트, 원피스 등의 밑단, 소매라인 등에 바로 상침하거나 안쪽에 넣고 상침하면 되고, 원단과 원단 사이에 끼워 봉제해도 좋습니다. 의류뿐만 아니라 가방, 파우치, 쿠션, 모자 등 다양한 작품에 장식으로 연출하기 좋습니다.

SIZE 전체 폭 1.2cm / 방울 지름 0.5cm
PRICE 1,500원/1yd, 13,500원/10yds

04 건강하고 착한 순면실
퓨어 코튼 봉제실

부드러운 순면(pure cotton) 100%의 소재로, 무형광실이라 영유아 의류 및 피부가 약한 분들도 안심하고 사용하기 좋습니다. 40수2합의 일반적인 두께로 의류, 소품, 홈패션 등 다양한 작품 제작시 사용하기 적합합니다. 약 4,000m 정도의 넉넉한 양으로 오래 사용할 수 있고, 가정용/공업용 미싱 모두 사용할 수 있습니다.

SIZE 폭 7cm X 높이 11cm
두께 및 길이 40수2합 / 약 4,000m
PRICE 6,000원/개

05 가볍고 부드럽고 깔끔하게
앙앙 베이비 보일 바이어스테이프

60수 고급면 100% 원단으로 제작된 유아용 바이어스테이프입니다. 부드러운 면소재이기 때문에 민감하고 약한 피부에도 자극없이 사용할 수 있어 배냇저고리, 낮잠이불, 턱받이, 마스크 등 영유아의 의류나 소품 제작시 사용하기 좋습니다.

SIZE 완성 폭 1cm X 270cm
PRICE 2,400원/팩

06 작품에 포인트를 더해주고 싶을 때
입체와펜

의상, 소품, 홈패션 등 작품의 밋밋한 곳에 포인트 주기 좋은 와펜으로, 부착하고자 하는 곳에 간단히 테두리만 봉제하여 사용 가능하고, 브로치핀, 장식핀 등을 부착하여 떼었다 붙였다 할 수 있는 탈부착 형태의 브로치로 만들어서 사용해도 좋습니다.

SIZE 상품별 상세페이지 확인
PRICE 1,200 ~ 1,600원/팩

〈상품구매처〉 심플소잉 / 심플소잉대리점 / 패션스타트 / 패션스타트 대리점 / 퀼트스타 / 그외 온 · 오프라인

초보자의 눈으로 개발하는
실물 패턴전문 브랜드 패턴인!

1500여종의 상품 구성 및 매달 신상품 출시!

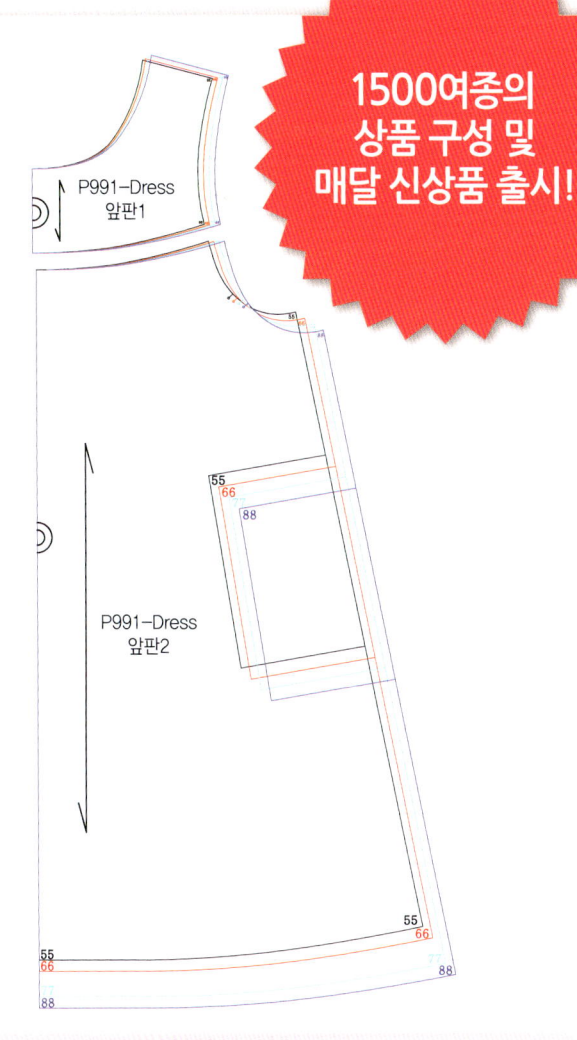

재단배치도부터 소잉 팁까지
꼼꼼한 사진 제작 설명서와 웹 제작 설명서로

쉽고 재미있게!

패턴 전문 캐드를 사용한
전 사이즈 실물 패턴과 사이즈별 컬러선으로

깔끔하고 편리하게!

아래의 구매처에서 패턴인의 모든 상품을 만나 보세요!

패션스타트
전국 대리점 보유

심플소잉
전국 대리점 보유

퀼트스타

천가게 / 천싸요 / 인패브릭 / 앤쏘라이프 / 선퀼트 / 아이러브아이웃 / 원단천국 / 원단1번지

심플소잉

국내 최초 재봉틀 공방 브랜드

심플소잉은 국내 30여 개의 대리점을 보유한 국내 최초 DIY 소잉 전문 브랜드입니다.

어떤 분야에 관심이 있으신가요?

재미와 실용성을 두루 갖춘
소품 만들기 과정

내 손으로 옷을 짓는 감동
옷 만들기 과정

소잉의 모든 것 '심플소잉'

고품질의 미싱
디자인, 기능, 내구성을 두루 갖춘 품격 있는 미싱을 직접 체험할 수 있습니다.

다양한 소잉 전문 원단/부자재
국내·외 다양한 원단/부자재를 보유하고 있어 작품의 완성도를 높여줍니다.

체계적인 소잉 교육
기초부터 마스터까지 전문 강사님과 함께하여 어렵기만 했던 소잉이 쉽고 재미있어집니다.

전문 강사반 운영
AMSA만의 소잉 전문 교육을 통해 소잉 작가로서의 활동은 물론 공방 창업에 큰 도움을 드립니다.

심플소잉 대리점 안내

서울·경기·강원 지역

강남개포점 070-8836-9394	경기광주오포점 031-767-6415
남양주별내점 031-572-7353	수원광교점 031-211-3885
수원영통점 031-273-9411	수지신봉점 031-264-3769
안양동편마을점 031-703-7249	용인죽전점 031-265-0301
원주단구점 033-762-0251	이천창전점 031-638-8904
인천구월점 032-233-0708	일산주엽점 031-906-6577
평택소사벌점 031-651-7794	화성동탄점 070-4190-3830

충청 지역

대전노은점 070-7776-5337	서산호수공원점 041-665-0607
세종나성점 070-8820-8922	아산배방점 041-532-5476
제천중앙점 043-642-3106	천안백석점 070-4078-9135
천안신방점 041-579-7275	청주가경점 043-232-0306
청주율량점 043-900-3579	

경상 지역

경주용황점 010-9778-5588	김해내외점 055-337-5744
동래온천점 051-365-1591	양산물금점 055-388-3636
창원남양점 055-263-5662	포항대이점 054-272-6349

전라 지역

광주시청점 062-375-0525	군산지곡점 063-468-6338
목포하당점 061-287-8155	순천동외점 061-900-9965
여수엑스포점 061-642-0427	전주송천점 063-278-1088

차별화된 '심플소잉'만의 교육

 수강 최대 인원 5명 소수 인원제 밀착 수업

 내 스케줄에 맞춰 수강하는 수업 사전 예약제

 충분히 갖춰진 소잉 전문 환경

 정규과정 교재 & 실물 패턴 제공

 홈패션, 소품, 의상을 한 곳에서

 초보에서 마스터가 되기 위한 단계별 학습

 모두 똑같은 패키지 NO! 나만의 개성 있는 작품

 소잉 전문 교육을 통한 창업 인재 양성

대리점 개설 상담 및 문의

1644-5662

SEWING STORY

핸디스 소잉스토리 출판사는 소잉 D.I.Y 전문 출판사입니다. 개발 단행본 시리즈인 소잉 하루에, 그리고 일본에서 인기 있는 소잉 서적을 번역하여 출간합니다. 소잉스토리 홈페이지에서 더 많은 출간서적을 확인해보세요.

소잉하는 사람의 마음과 손으로 짓는 책, 소잉스토리의 안목으로 선정한 번역서들을 만나보세요.

리넨으로 만드는 에이프런과 소품 36

36작품 수록 / 88쪽 / 정가 18,000원
실물크기 패턴 1매(2면) 36작품 수록

[리넨으로 만드는 에이프런과 소품 36]에서는 다양한 디자인의 여성 에이프런과 여성복, 커플로 코디할 수 있는 남성용, 아동용 에이프런과 소품을 한 권에 담았습니다. 나와 사랑하는 사람들을 위한 에이프런을 지금 만들어 보세요.

즐겨 입는 핸드메이드 여성복 35

35작품 수록 / 88쪽 / 정가 18,000원
실물크기 패턴 1매(2면) 28작품 수록

[즐겨 입는 핸드메이드 여성복 35]에서는 다양한 형태의 여성복을 소개합니다. 또한 나만의 코디를 돋보이게 해줄 가방과 브로치 등 소품들을 함께 담았습니다. 나만의 감성, 취향을 한껏 담은 핸드메이드 패션을 즐겨보세요.

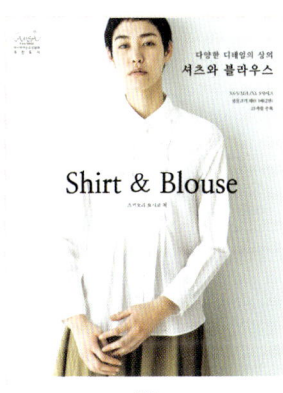

다양한 디테일의 상의 셔츠와 블라우스

25작품 수록 / 88쪽 / 정가 17,000원
실물크기 패턴 1매(2면) 25작품 수록

[다양한 디테일의 상의 셔츠와 블라우스]에서는 다양한 디테일이 담긴 여성 상의들을 소개합니다. 소매의 형태부터 밑단 처리, 핀턱 장식 등 소잉에 유용한 디테일이 담긴 작품이 25종 수록되어 있습니다. 내가 원하는 디테일을 골라 만들어보세요.

매일 입고 싶은 핸드메이드 여성복 만들기

14작품 수록 / 88쪽 / 정가 17,000원
실물크기 패턴 2매(4면) 14작품 수록

[매일 입고 싶은 핸드메이드 여성복 만들기]에서는 여성들에게 사랑받는 아이템인 블라우스부터 원피스, 스커트, 팬츠 등 다양한 아이템 14종을 All Color 사진 제작 설명서로 수록했습니다. 일상을 함께하고 싶은 여성복을 직접 만들어보세요.

내 아이를 위한 사랑스러운 아동복 만들기

15작품 수록 / 86쪽 / 정가 16,000원
실물크기 패턴 2매(4면) 15작품 수록

[내 아이를 위한 사랑스러운 아동복 만들기]에서는 귀여운 디테일로 가득한 아동복 15종을 한 권에 담았습니다. 90~120 4사이즈의 실물크기 패턴이 수록되어 있어 쉽게 작품을 만들 수 있습니다. 소중한 내 아이를 위한 아동복을 만들어보세요.

직접 만드는 나만의 핸드메이드 스커트 25

25작품 수록 / 88쪽 / 정가 16,000원
실물크기 패턴 1매(2면) 25작품 수록

[직접 만드는 나만의 핸드메이드 스커트 25]에서는 다양한 디자인의 스커트를 한 권에 모았습니다. 총 25종이 수록되어 있으며, S~LL 4사이즈의 실물크기 패턴이 수록되어 있어 쉽게 작품을 제작할 수 있습니다. 나만의 하나뿐인 스커트를 만나보세요.

여러 구매처 및 온/오프라인 서점에서 다양한 소잉스토리 서적들을 만나 보세요!

 패션스타트

 심플소잉

 퀼트스타

 패턴인 스마트스토어

대한민국 대표 소잉 D.I.Y 전문 출판사 소잉스토리의 개발 단행본 시리즈

SEWING HARUE

프로페셔널 기획과 짜임새 있는 완성도를 바탕으로
2009년 한국 최초의 소잉 D.I.Y 잡지로 창간된 "소잉 하루에" 시리즈는
현재는 단행본 형식으로 변경하여 매 시즌 트렌디한 아이템들로 기획, 매년 3회씩 발간하고 있습니다.

"소잉 하루에" 만의 특별한 구성!

친절한 sewing tip   &   all color 일러스트 설명서   &   편리한 실물크기 패턴 부록

한국 소어들의 니즈와 체형에 딱 맞는 아이템들로 기획, 제작한 "소잉 하루에" 시리즈를 지금 만나보세요.

SEWING HARUE vol. 27

**Daily lady's closet
사계절 핸드메이드 여성복**

20작품 수록 / 120쪽 / 정가 18,000원
실물크기 패턴 2매(4면) 20작품 수록

[Daily lady's closet 사계절 핸드메이드 여성복]
에서는 일 년 내내 다양하게 레이어드하여 즐길 수 있는 여성복 상의, 원피스, 하의, 아우터, 소품 총 20작품을 수록했습니다. 간편하면서도 감각적인 데일리 룩을 만나보세요.

SEWING HARUE vol. 28

**직접 만들어 입고 싶은
COUPLE LOOK 20**

20작품 수록 / 108쪽 / 정가 18,000원
실물크기 패턴 2매(4면) 20작품 수록

[직접 만들어 입고 싶은 COUPLE LOOK 20]에서는 사랑하는 사람과 함께 즐길 수 있는 커플 룩을 주제로 남/여 의상 20작품을 10가지 커플 룩으로 수록했습니다. 사랑하는 사람과 함께 세상에 단 하나뿐인 커플 패션을 즐겨보세요.

SEWING HARUE vol. 29

**우리 아이를 위한
특별한 핸드메이드 옷과 소품**

23작품 수록 / 112쪽 / 정가 18,000원
실물크기 패턴 2매(4면) 22작품 수록

[우리 아이를 위한 특별한 핸드메이드 옷과 소품]
에서는 사랑스러운 우리 아이를 위한 의상과 소품 총 23작품을 50~70사이즈, 80~130사이즈로 알차게 담았습니다. 마음과 정성을 다해 세상에 단 하나뿐인 작품을 만들어 선물해보세요.

SEWING HARUE vol. 21

리넨으로 만드는
엄마와 딸의 커플룩 36

36작품 수록 / 136쪽 / 정가 16,000원
실물크기 패턴 2매(4면) 34작품 수록

[리넨으로 만드는 엄마와 딸의 커플룩 36]에서는 귀여운 딸과 함께 코디할 수 있는 데일리 룩, 피크닉 룩, 리빙 룩, 커플 아이템 총 36작품을 담았습니다. 사랑스러운 아이와 함께 커플 패션에 도전해 보세요.

SEWING HARUE vol. 22

미네와 함께 하는
'우리 가족 소잉 소품과 의상'

39작품 수록 / 194쪽 / 정가 17,000원
실물크기 패턴 2매(4면) 39작품 수록

[미네와 함께 하는 우리 가족 소잉 소품과 의상]에서는 나와 내 아이, 배우자의 일상을 가득 채워 줄 다양한 쓰임새의 소품과 의상을 소개합니다. 총 39작품을 모두 일러스트 제작 설명서로 수록했습니다. 특별한 선물을 준비해보세요.

SEWING HARUE vol. 23

정성이 깃든
우리 가족 한복 만들기

28작품 수록 / 150쪽 / 정가 16,000원
실물크기 패턴 2매(4면) 28작품 수록

[정성이 깃든 우리 가족 한복 만들기]에서는 아름다운 우리 한복을 일상에서 함께 할 수 있도록 아동 전통 한복과 생활 한복, 성인 한복과 한복 소품 28종을 수록했습니다. 우리 가족을 위한 한복을 내 손으로 직접 만들어 보세요.

SEWING HARUE vol. 24

깔끔한 실루엣의
원피스 만들기 25

25작품 수록 / 128쪽 / 정가 16,000원
실물크기 패턴 2매(4면) 25작품 수록

[깔끔한 실루엣의 원피스 만들기 25]에서는 기본 원피스, 주름 원피스, 프린세스 원피스, 랩 원피스, 셔츠 원피스, 소품 총 6가지 테마의 원피스와 소품 25작품을 한 권에 담았습니다. 아름다운 실루엣이 가득한 원피스 작품들을 만들어보세요!

SEWING HARUE vol. 25

편안하고 특별한
핸드메이드 여성복

31작품 수록 / 144쪽 / 정가 18,000원
실물크기 패턴 2매(4면) 31작품 수록

[편안하고 특별한 핸드메이드 여성복]에서는 나의 일상을 채워 줄 다양한 스타일의 여성복을 소개합니다. 베스트, 티셔츠, 블라우스, 셔츠, 자켓, 하의 총 6가지 테마의 작품 31종을 수록하였습니다. 일상 속 소잉의 즐거움을 느껴보세요.

SEWING HARUE vol. 26

네 가지 스타일의
핸드메이드 여성복

32작품 수록 / 152쪽 / 정가 18,000원
실물크기 패턴 2매(4면) 32작품 수록

[네 가지 스타일의 핸드메이드 여성복]에서는 네 작가들의 각각의 취향과 마음을 담은 작품들을 소개합니다. 작가별로 8작품씩. 총 32작품을 수록하고 있어 다양한 스타일의 아이템을 한 권으로 만날 수 있습니다. 나의 취향을 발견해보세요.

**여러 구매처 및 온/오프라인 서점에서
다양한 〈소잉 하루에〉 시리즈를 만나 보세요!**

 패션스타트

 심플소잉

 퀼트스타

 패턴인 스마트스토어

SEWING
HARUE
Vol.29